HERMES

在古希腊神话中,赫耳墨斯是宙斯和迈亚的儿子,奥林波斯神们的信使,道路与边界之神,睡眠与梦想之神,亡灵的引导者,演说者、商人、小偷、旅者和牧人的保护神……

西方传统 经典与解释 HERMES
Classici et Commentarii
地缘政治学丛编
刘小枫 ● 主编

克劳塞维茨之谜
——战争的政治理论

Clausewitz's Puzzle:
The Political Theory of War

［英］赫伯格-罗特 Andreas Herberg-Rothe ｜ 著

韩科研 黄涛 ｜ 译

华夏出版社

中国人民大学科学研究基金
(中央高校基本科研业务费专项资金资助) 项目成果(20XNL026)

"地缘政治学丛编"出版说明

在一种观点看来,地缘政治学(Geopolitics)与政治地理学(Political Geography)是一门学科的两个名称,并无实质差异。①人们显然不能说,地缘政治学是德语学界的惯用术语,而政治地理学是英语和法语学界的惯用术语。19世纪末的德国人文地理学家拉采尔(1846—1904)是地缘政治学的创始人,而他为这门学科奠基的大著就名为《政治地理学》(*Politische Geographie*,1897,715页)。1925年,德国的地缘政治理论家毛尔(Otto Maull,1887—1957)出版的地缘政治学教科书也名为《政治地理学》(*Politische Geographie*,Berlin,1956年修订版)。十年后,毛尔出版了一本同样性质的著作,却又名为《地缘政治学的本质》(*Das Wesen der Geopolitik*,1936)。②

地缘政治学与政治地理学这两个术语似乎可以互换,其实不然。仅仅从字面上看,这两个术语也有差异:政治地理学的基本要素是历史地理学,地缘政治学的基本要素则是政治学。瑞典的契伦(1864—1922)作为地缘政治学这个术语的发明者出身于政治学专

---

① 皮尔赛等,《世界政治地理》,彦屈远译,台北:世界书局,1975,页7。
② 比较 Rainer Sprengel, *Kritik der Geopolitik. Ein deutscher Diskurs. 1914–1944*, Berlin,1996。

业,而非像拉采尔那样出生于地理学专业。契伦凭靠拉采尔的政治地理学原理来建构现代式的国家学说仅仅表明,自18世纪以来,政治学越来越离不开对世界地理的政治史认识。

就学科性质而言,由于综合了史学、地理学、经济学、军事学、政治学,"地缘政治学"这个名称比"政治地理学"更恰切。毕竟,这门学问的重点在政治而非地理,地表不过是人世间政治冲突的场所。[①]豪斯霍弗说得有道理:费尔格里夫的《地理与世界霸权》属于"政治地理学"要著,它为理解"地缘政治学"提供了必要的知识准备。[②]换言之,政治地理学是地缘政治学属下的一个基础性子学科,没有某种政治学观念的引导,政治地理学仅仅是一堆实证知识。

拉采尔逝前一年出版了《政治地理学》的增订版(1903),这个版本添加了一个并列的书名"或诸国家及其贸易和战争的地理学"(*or die Geographie der Staaten, des Verkehres und des Krieges*)。这个副题准确解释了拉采尔所理解的"政治"现象的含义:"诸国家"是复数,"贸易"和"战争"是单数。这意味着,"政治"就是诸国家之间的贸易和战争。

显然不能说,这是什么了不起的新定义。自有文明记载以来,政治共同体之间的贸易和战争就是人类的基本生存经验。不过,古代与现代的地缘政治冲突有很大差别,除了"地理大发现"带来的整全的世界地理视野之外,商业技术文明的出现是这种差别的决

[①] 比较 R. D. Sack, *Human Territoriality: Its Theory and History*, Cambridge University Press, 1986; J. Painter, *Politics, Geography and "Political Geography": A Critical Perspective*, London, 1995。

[②] 豪斯霍弗,《〈地理与世界霸权〉德译本导言》,见娄林主编,《地缘政治学的历史片段》("经典与解释辑刊"第51辑),北京:华夏出版社,2018,页63–64。

定性原因。1750年，杜尔哥(1727—1781)写下了《关于政治地理学的论著纲要》，清晰地勾勒出一幅世界地缘政治史的演进图。①事实上，拉采尔的《政治地理学》中的所有基本论题，都可以在杜尔哥的这篇纲要中找到。

拉采尔在《政治地理学》的"序言"一开始就说：他的老师李特尔(Karl Ritter, 1779—1859)已经充分注意到地理学的"政治方面"。②史称李特尔为"人文地理学"的先驱人物，但我们应该知道，他因在其成名作《地球志》中探究了"黑非洲"而随即被当时的普鲁士王家军事学院聘为地理学教授。③由此看来，"人文地理学"这个名称虽然听起来颇为美丽，且如今已成为大学中的一门基础学科，但其诞生之初却是为欧洲各王国的世界性"政治占有"服务的自然科学。

作为古老的中国文明的后代，我们必须承认，古希腊人、罗马人乃至后来的日耳曼裔欧洲人，在地缘政治冲突方面的经历都远比我们的古人丰富。周代晚期七国争霸的内战状态，毕竟并未与西方式的地缘政治冲突交织在一起。20世纪40年代，在中国面临生死存亡之际，流亡陪都重庆的世界史学家也成立了一个"地缘政治学协会"(1941)，还形成了一个"战国策派"。但因时势艰难，中国的政治地理学家很难有沉静的心态从世界历史的角度深入认识地缘政

---

① 杜尔哥，《政治地理学》，刘小枫编，《从普遍历史到历史主义》，北京：华夏出版社，2017，页99-118。

② Friedrich Ratzel, *Politische Geographie or die Geographie der Staaten, des Verkehres und des Krieges*, München, 1923 (E. Oberhummer审读、增订第三版)，页V。

③ 迪金森，《近代地理学创建人》，葛以德等译，北京：商务印书馆，1980，页43。

治学。

"文革"时期关于"三个世界"的普及教育,也许算得上是一种地缘政治学教育,但是,且不谈相当粗陋,它实际上并不具有整全的世界历史视野。① 如今通过叙述"丝绸之路"的历史,我们也许可以铺展出一幅让中国史与世界史彼此交融的历史地图,毕竟,"把中国文明与西欧亚及地中海世界连接起来的通道,就是陆上和海上的丝绸之路"。②

然而"中西交通史"并不具有地缘政治学的视野。"丝绸之路"的历史与帝国兴衰密不可分:无论陆上还是海上的贸易通道,无不受帝国秩序掌控。何况,"'丝绸之路'根本不是什么道路,[罗马帝国和中华帝国]双方的军队无论从哪个方向都无法发动进攻"。③ 因此,叙述"丝绸之路"的历史若不能深度反映帝国间冲突的历史,难免流于商贾之谈。

太平洋战争爆发以来,美国的政治学家一方面把德国的地缘政治学说成替德意志第三帝国服务的"侵略性学科"或"伪科学",另一方面又通过大学教育以及传媒对国民普及地缘政治学知识。直到今天,美国知识界正是凭靠海上强国的地缘政治观纵论国际政治时局,才掌握着主导国际政治格局的话语支配权。

由于种种历史的原因,我国学界对世界地缘政治学的认识迄今

---

① 比较国营东光无线电器材厂工人理论组/吉林师范大学地理系73级工农兵学员编,《三个世界》,长春:吉林人民出版社,1975。

② 张国刚,《胡天汉月映西洋:丝路沧桑三千年》,北京:生活·读书·新知三联书店,2019。

③ 奎斯特,《国际体系中的进攻与防御》,孙建中译,上海:上海人民出版社,2008,页36。

仍然相当局促,这与我们缺乏相关的知识储备有关。为了改变这一情形,本工作坊开设了这个系列,聚焦于19世纪末以来形成的地缘政治学文献,原典和研究性著作并重,为我国学界在新的国际政治形势下进一步开阔眼界尽绵薄之力。

刘小枫
2018年春
古典文明研究工作坊

目 录

中译本说明(黄涛) ·· 1

第一部分　开场 ·· 1

第二部分　对立和摇摆 ·· 17
  第一章　克劳塞维茨和拿破仑:耶拿、莫斯科与滑铁卢 ·········· 18
  第二章　暴力、恐惧和权力:战争的扩展与限制 ················ 49
  第三章　绝对战争和真实战争的概念 ·························· 82

第三部分　运用克劳塞维茨超越克劳塞维茨 ······················ 107
  第四章　克劳塞维茨的遗产:三位一体 ························ 108
  第五章　进攻和防御的两极性和不对称性 ······················ 142
  第六章　公式:战争中的政治 ································ 167

参考文献 ·· 199
索引 ·· 202

中译本说明

中国读者对克劳塞维茨及其《战争论》并不陌生,早在20世纪初,这本书就以《大战学理》为名被译为中文,并且出版了多个中译本。伟大领袖毛泽东曾多次研读《战争论》,《战争论》的基本思想同中国革命的实践之间有值得探究的内在关联。"战争是政治通过其他手段的延续"(在本书中,译者根据英文译本的表述,译为"战争是政策通过其他手段的延续")这一著名的公式,即便对当代中国的年轻人来说,也不是陌生的命题。

然而,迄今为止,对于克劳塞维茨的著名公式,我们的理解仅仅停留在字面上而已,坊间有关《战争论》的严格意义上的学术研究并不多见。相较而言,在当代西方,《战争论》不仅是政治家和军事家的案头书,也为政治哲学家所关注。据我所知,最早从政治思想家的角度关注克劳塞维茨的是卡尔·施米特,施米特一生对克劳塞维茨有强烈兴趣,以至于在70多岁时,还撰写了《作为政治思想家的克劳塞维茨:评论与提示》一文(中译文为洪堡大学博士候选人李柯翻译,译文载于我与吴彦博士主编的"法哲学与政治哲学评论"第二辑《国家、战争与现代秩序——施米特专辑》,有兴趣的读者可参见我为该文撰写的编者按),在这篇文章中,克劳塞维茨成为当时德国最早思考德意志民族国家命运的军事哲学家。在20世纪70年代,雷蒙·阿隆曾经耗费多年,数度开设克劳塞维茨课程,并撰写了两卷本巨作《思考战争:克劳塞维茨》。在这两位著名的20世纪思想家的笔下,克劳塞维茨不仅是军事思想家,也是政治思想家。

当代西方学者对克劳塞维茨有持久兴趣,其中有像帕雷特(Peter Paret)这样的代表性作者,他和霍华德(Michael Howard)一起重译了《战争论》,并出版了《克劳塞维茨与现代国家》(Clausewitz and the State)一书,这本书将克劳塞维茨有关战争的思考同对现代国家的思考关联起来。帕雷特和霍华德的翻译和研究开启了一个新时代,自此《战争论》的文本开始受到关注。

《克劳塞维茨之谜》一书正是在这一语境下诞生的,作者赫伯格-罗特(Andreas Herberg-Rothe),目前任职于德国富尔达应用技术大学(University of applied sciences, Fulda),长期致力于克劳塞维茨战争理论方面的研究。除这本书外,他还主编有《克劳塞维茨与21世纪》(Clausewitz in the Twenty-First Century, Oxford University Press, 2007)。近年来,他仍然在克劳塞维茨研究领域继续进一步研究。

《克劳塞维茨之谜》一书在当代克劳塞维茨研究中享有突出地位,是《战争论》的研究者不可忽视的一本好书,原文为德文,后译为英文(中译本从英译本译出)。这本书中的最值得称道的地方,在于作者基于拿破仑战争的历史和《战争论》及其相关文本,指出克劳塞维茨在《战争论》第一章第一篇中提出了两个不同的战争概念,一个是在第一篇的开端,另一个则在末尾,也就是书中处处强调的"奇妙的三位一体"概念,这两个战争概念共同构成了克劳塞维茨对于战争的真正看法。在此基础上,作者不仅探究了克劳塞维茨同德国观念论思想家之间的内在关联,反驳了认为克劳塞维茨应该对无限战争和总体战负责的观点,也揭示了克劳塞维茨的当代意义。本书的写法表明,我们如今仍然有可能深入《战争论》的文本中,获得新的发现,从而为认识当代战争与国家,提供更为宽宏的视野。

战争,不仅是历史家的领域,也应该成为政治哲学家的领域,战争呈现出来的是人类共同体生活中的最紧张的一面,考察那些伟大的战争以及人类思想史上那些思考战争问题的思想家的著作，可以揭示新的共同体原则得以诞生的秘密，与此同时，也可以让我们看到，战争这一伟大的人类活动同人性之间的关联。在战争中和平是如何成为可能的、限制战争升级的可能性究竟在哪里、战争与共同体是否有着内在的关联，对这些问题的回答，都有待于我们重新开启《战争论》的意义。这也是我们迻译本书的目的。

本书由我和韩科研兄共同翻译，由韩科研译出初稿，我在初稿基础上进行通校和局部重译，并在德文校译方面得到了暨南大学法学院汤沛丰博士的帮助。科研兄对于军事术语和军事知识的把握，大大减轻了我的工作负担。即便如此，本书也仍然存在着一些不可避免的缺点。在此也希望专注于《战争论》的读者能通过各种方式指出本书翻译中存在的问题。

最后值得说明的是，尽管我们应该采取已经流行的译本，但考虑到目前译本和英译本的一些差异，最终还是采取了从英译本直译的方式。这种做法当然会给已经熟悉中文译本的读者带来麻烦，但我希望这种做法能部分呈现中西学者对《战争论》文本的不同理解和把握，从而使我们再度重视《战争论》文本。

黄　涛
2018 年 7 月 1 日
于美国印第安纳州布鲁明顿

第一部分　开场

战争不仅是一条真正的变色龙,它的性质在每一具体情况下都或多或少有所变化,而且,透过战争的全部现象,就其本身的主要倾向来看,战争还是一个悖论性的三位一体,它包括三个方面:一、最初的暴力性、仇恨感和敌忾心,这些都可以看作盲目的自然暴力;二、偶然性和运气的活动,在这里,一种创造性的精神在自由地涌现;三、作为政策工具的从属性,战争因此服从于纯粹理性。

克劳塞维茨①

---

① 克劳塞维茨,《战争论》。由霍华德和帕雷特翻译和编辑,Princeton University Press:Princeton, NJ, 1976, 1984(着重部分由赫伯格·罗特添加)。本书中所有关于《战争论》的直接引用都出自这个版本;接下来正文中的引用将在引文后括号内注明书中的页码(或在某些情况下做重新表述)。我倾向于使用这个版本,尽管它的翻译也有不足。在此引用的"三位一体"文本来自1984年版的第89页。我只是将"单凭理性"改成了"纯粹理性"(pure reason),因为霍华德和帕雷特的译本容易引起人们对"三位一体"的误解,这一误解有极其深远的影响。有关翻译问题的进一步讨论,参见 Jan Willem Honig and Christopher Bassford, in Herberg–Rothe, Andreas and Strachan, Hew, *Clausewitz in the 21st Century*. Oxford University Press:Oxford, 2007;下文引用简写为 *Clausewitz in the 21st Century*。当我提及《战争论》的德文版时,我用的是第19版,该版由 Werner Hahlweg 编辑,Bonn,1980(1991年和2003年重印);引用时简写为 *Vom Kriege*。

[2]本书从全新视角出发,首次将克劳塞维茨对三场经典战役的分析置于合理理解《战争论》的关键位置。① 全书基于三个重要假设。第一,《战争论》只能理解为对克劳塞维茨时代发生的战争行为的研究。对1806年普鲁士人在耶拿-奥厄施塔特战役中的战败、拿破仑1812年的侵俄战争、最终败走滑铁卢这三场战争的分析构成了《战争论》的基石。从1823年到1827年间,克劳塞维茨写出了对这三场战争的详细评论,也正是在那些年他创作了《战争论》的大部分内容,而且将撰写的评论文章的核心内容吸纳到了《战争论》之中。

此前几乎所有解读都注意到了拿破仑的成功战例对克劳塞维茨思想的重要性。与此相反,我想证明的是,不光拿破仑取得胜利的战争,就连在诸如侵俄战争和滑铁卢之战中表现出的战略局限,也都帮助克劳塞维茨总结出有关战争的一般理论。在克劳塞维茨一辈子对战争分析的关注中,主要问题是,为了证实在俄国战争(166-167)的具体情形下,作为拿破仑早期成功的重要基础的那些原则和战略并不充分,并且最终导致了滑铁卢的失败。虽然在一生

---

① 此书于2001年首次由Wilhelm Fink Publishers, Munich出版,Hew Strachan就克劳塞维茨有关战争活动分析的重要性展开了非常有启发性的历史性评论,参见Hew Strachan, *Clausewitz On War*, Atlantic Books:London,2007(即将出版)。

的大部分时间中,克劳塞维茨都是拿破仑的崇拜者,但在他的晚年,他认识到了一种前后一贯的军事战略的运用带来的[3]不同历史结果的理论意义。最后,他绝望地试图找出一种解决方法,协调耶拿-奥厄施塔特战役中拿破仑的胜利,侵俄战争中武力至上的局限和最终战败滑铁卢表现出来的种种极端。这种绝望从他渴望重写几乎整个作品就可以明显看出。这在他1827年的笔记中得到了表达,这份笔记写于他封存并准备在去世后出版的手稿三年之前;其中有类似这样的话:"在我看来,誊清了的前六篇,只是一些未形成结构的东西。"(69)

第二,我进而从假设《战争论》正因为这个原因而并未完成出发,指出该书的一部分内容在一定程度上可以被认为与其他内容矛盾。但我的最终结论是,克劳塞维茨给出的有关战争的各种概念揭示了每一次战争中最重要的相互冲突的倾向,同时也揭示了每一场战争中都包含的起统一作用的共同因素。正如我们后面要展示的,《战争论》第三篇、第四篇的大部分内容,都属于克劳塞维茨对耶拿-奥厄施塔特战役和拿破仑的其他决定性胜利的体验和分析。篇幅冗长,也常常被低估的第六篇("论防御")反映的是侵俄战争,第八篇("论政治和战争计划")则源于拿破仑败走滑铁卢。只有在第一篇的第一章和第二章的部分内容中,以及在第二篇的开端中,针对这些相互冲突的历史经验提出的总体问题,克劳塞维茨才成功描绘了一般性解决方案。

需要强调的是,克劳塞维茨在早期和晚期之间存在四个根本差异,这些差异对当代有关克劳塞维茨著作的讨论仍然有核心意义:

1. 军事至上和政治至上的对立。
2. 生存性的战争,或者说与一个人的身份有关的战争,在早期深深地影响了克劳塞维茨;与此相对,他的后期作品中则充斥着一种工具主义的战争观。①

3. 通过体现"毁灭原则"的无限制暴力追求军事胜利,与之相对,有限战争的优先性和对战争中使用暴力进行限制,这在他的后期的作品中日益凸显。

4. [4]防御作为更强有力的战争形式的优先性,与之相对的是体现在主动发起进攻中的决定性战果的承诺。

在第一篇第一章末尾,克劳塞维茨提出,最终的解决办法浓缩在他的三位一体中(Trinity)。这就是我的第三个基本假设:三位一体及其存在的全部问题,是克劳塞维茨的真正遗产,也是其理论的真正开端,正如他自己强调的:

> 无论如何,我们阐述的这个……战争概念[三位一体]是投向理论基本结构的第一道曙光,它使我们能对理论的主要部分做出基本区分和辨别。在这段出自霍华德与帕雷特《战争论》译本的引文中,我省略了用来修饰"概念"的"预备性的"(preliminary)这个词,因为在这句话中,克劳塞维茨从未提及任何"预备性的属性"。(《战争论》[Von Kriege],213,第一章的最后一句话)

开始讨论之前,有一个特别的问题值得提出。霍华德和帕雷特在论述三位一体的那段话中使用了 reason alone[单凭理性]一词,这可能暗示了在三位一体的三种倾向之间有一种层级性理解。但这在根本上是错误的,它误解了德语原文。在德语中,克劳塞维茨使用的是 bloßer Verstand,对这个词最好的描述是 pure reason[纯粹理性],我在上文引述的讨论三位一体的段落中已经插入了这个词。

---

① 这一区别出自 Herfried Muenkler, *Gewalt und Ordnung*, Fischer: Frankfurt, 1992; cited as *Muenkler, Gewalt und Ordnung*。

关键性差异,也是会产生深远影响的结果的差异,在于霍华德和帕雷特的译文中强调了三位一体中理性的优先性,而原文中使用的"纯粹理性"这一表达仅仅是构成战争的各种相互对立的倾向中的一种。三位一体是在"理论的结果"(89)这一标题下讨论的。《战争论》第一章和在该章末尾作为克劳塞维茨理论结果的三位一体,①是他试图对不同战例进行总结的尝试,克劳塞维茨基于拿破仑的成功战例、战略局限和最终战败,分析并描述了战争的一般理论。

加特(Azar Gat)也许是对的,他认为,如果我们仅考察克劳塞维茨"这一未注明日期的笔记"(70-71)本身(克劳塞维茨在其中说,只有第一章第1节是完成了的),就会看到,这个笔记写于作者逝世前许多年,甚至早于1827年的笔记(69-71)。但考虑到一个更开阔的路径,我们必须首先记得,在克劳塞维茨去世(1831)[5]前不久,他将这个文本放到了封存的手稿中(在1830年),这明显是作为给他的妻子的指南,因为他的妻子必定会在他死后出版这本书。第二,还要考虑到,正如在他的妻子玛丽(Marie von Clausewitz)撰写的序言中所说,是她的哥哥将1827年笔记中提及的变动插入"第一篇的那些部分中,这是克劳塞维茨本人想做的(但并未继续下去)"(67);因此,结论必定是,尽管这段未注明日期的笔记可能写得更早,②但克劳塞维茨想把第一章作为定论,并且,他在封存整部著作之前重写了这个部分。

克劳塞维茨的三位一体概念明显不同于他有关战争的那个著名公式,在这个公式中,战争被描述为政治通过其他手段的继续

---

① 在德文中,克劳塞维茨用"结果"(Resultat)这个词,语气比"后果"(consequence)略强;《战争论》,页212。

② Azar Gat, *A History of Military Thought*, Oxford University Press: Oxford, 2001, pp. 257-265.

(87)。虽然乍一看克劳塞维茨似乎也在三位一体中重复了他的公式,但正如他强调的(89),这只是三种倾向之一,如果我们不想与现实直接构成冲突,这三个倾向必须都考虑到。仔细考察他的公式,可以看到,他将战争描述为政治的延续,但这种延续是通过不属于政治本身的其他手段的(87)。他话中的这两个部分实际上是两个极端:战争或者被描述为政治的继续,或者被描述为主要属于军事领域。克劳塞维茨强调,政策会使用其他非政治性的手段。这就在战争作为政治继续的地位和战争的其他手段的独特性之间造成了一种隐含的紧张。霍伊泽(Beatrice Heuser)在她对克劳塞维茨的观点及其历史影响的概括中表明,如果想要通过偏向某一方缓解这种紧张,通常就会导致军事至上。① 这种隐含的紧张关系在三位一体中得到了阐明。②

这并非偶然,也的确是克里菲尔德(Creveld)和基根(Sir John Keegan)在20世纪90年代出版的针对克劳塞维茨的强有力批判的作品的典型特征,他们几乎总是只引用公式的一半内容,即克劳塞维茨宣称战争是政治的继续。他们的这种解读常常是明确的,但几乎总隐含地压制了另一半内容,即克劳塞维茨规定,在战争中政治会利用其他手段。针对克劳塞维茨的批判的悖论在于,克劳塞维茨本人早已准备好对这些观念加以回应。基根很明显是在批判早期的克劳塞维茨,那时的克劳塞维茨是拿破仑战略的支持者,也是将毁灭原则作为一种军事手段的支持者。另一方面,克里菲尔德攻击

---

① Beatrice Heuser, *Reading Clausewitz*, Pimlico:London, 2002.
② 也许,"真正作为政治的延续,但却是通过其他手段"这一关系最好被描述为一种非线性关系(non‐linear correlation)。这一假设出自 Alan D. Beyerchen 在 *Clausewitz in the 21st Century* 一书中的提示。

的则是后期的克劳塞维茨。① 后期的克劳塞维茨强调有限战争与无限战争的对立,这种对立成为他想要修正整部《战争论》的关键。[6]在这个方面,可以根据后期的克劳塞维茨来回应基根的批判,而早期的克劳塞维茨则可以回应克里菲尔德的批判。但两者都展现了如今流行的尝试,即试图在对立领域中,提出一种非克劳塞维茨式的战争理论,但这一理论的边界已被早期和晚期的克劳塞维茨设定。

克劳塞维茨的三位一体同样有别于"三位一体战争"(Trinitarian war)。这一概念并非出自克劳塞维茨本人,而是出自萨默斯(Harry G. Summers Jr.)的著作。虽然萨默斯在他的极有影响的关于越战的著作中提到了克劳塞维茨的三位一体概念,但从根本上来说,他篡改了克劳塞维茨的观念。

克劳塞维茨在有关三位一体的段落中解释说,三种趋向中的第一种主要关于人民,第二种主要关于指挥官及其部队,第三种主要关于政府。② 在这里,mehr[主要]这个词重复了三遍,考虑到这一点,我们就不能得出结论说,"三位一体战争"及其三个要素(人民、军队和政府)是克劳塞维茨对他的"三位一体"的潜在要素得以显示的方式的明确的概念化(categorical conceptualization)。这一概念自被萨默斯提出以来,就被反复提及,尤其是通过克里菲尔德产生

---

① John Keegan, *A History of Warfare*, Alfred E. Knopf: New York, 1993; cited as Keegan, *History of Warfare*; van Creveld, Martin, *The Transformation of War*, Free Press: New York, 1991.

② Harry G. Jr. Summers, *On Strategy: A Critical analysis of the Vietnam War*, Presidio Press: Novato, CA, 1982; 相反立场,参见 Christopher Bassfordand Edward J. Villacres, Reclaiming the Clausewitzian Trinity, in *Parameters*, 1995, pp. 9–19。在德文中,在用到三位一体的例子的每一个部分时,克劳塞维茨都使用了 *mehr* 一词(相当于英文中的 more[更多]或 mainly[主要]),但在霍华德和帕雷特的英译本中只提到一次(1989 版);《战争论》,页 213。

了影响。① 相反,我们必须总结指出,"三位一体战争"的这三个组成部分对克劳塞维茨来说,只是更根本的"三位一体"的一个运用范例。这些"三位一体"的例证可以有意义地运用到某些历史和政治的情境中,如萨默斯用来揭示在越战中美国人民、军队和政府之间不可调和的分歧。尽管有应用这些例子的可能,但毫无疑问,克劳塞维茨是以不同方式,并且也是在一种更宽泛、更少偶然和更概念化的层面上定义"三位一体"的。

此外,在克劳塞维茨的"三位一体"与萨默斯和克里菲尔德理解的三位一体战争之间,还可以发现一个典型差异。尽管克劳塞维茨明确强调"三位一体"的三种倾向"在彼此之间的关系中是变化的",并且,不应使任一关系固定下来(89),但"三位一体战争"中的三要素却被整合为一个层级结构,人民是基础,接下来是军队,最后处于顶端的是政府。② 三种倾向之间的等级层次,和克劳塞维茨称三种倾向"在彼此关系中是变化的"时所指的关系不是一回事(89)。[7]克劳塞维茨的任务因此是提出一种能在三种倾向之间"流动"的理论。③ 他甚至强调:"忽略任何一种倾向的理论……可能会和现实冲突,以至于仅仅因为这个原因,这一理论将完全没有用处。"(89)

---

① Martin Van Creveld, *Die Zukunft des Krieges*. Gerling: Munich, 1998, chapter *Der trinitarische Krieg*; cited as van Creveld, *Zukunft des Krieges*.

② 参见 Peter Waldmann 在给 Van Creveld 的书 *Zukunft des Krieges* 的德文版写作的序言。

③ 霍华德和帕雷特译成:"在这三种倾向之间保持一种平衡。"(89)德语中相应的表述为:"这一理论在这三种倾向之间流动(dass sich die Theorie wie zwischen drei Anziehungspunkten schwebend erhalte)。"(《战争论》,页213)因此,我遵循 Christopher Bassford 的建议,倾向于使用 floating[流动]一词,而非使用"平衡"(balance)这个词,这更好地表达出克劳塞维茨认为这三种倾向之间的关系是一种动态的关系。

两次伊拉克战争(1991年和2003年)期间见证了在当代战争的话语中从克劳塞维茨到孙子的明显转变。越战之后,克劳塞维茨在美国得到了意想不到的复兴,似乎获得了大师级思想家的地位。《战争论》使许多理论家认识到美国在东南亚惨败的原因,也认识到了未来获胜的条件。但在最近,克劳塞维茨几乎丧失了合法性(outlawed)。我们可以在两个单独的发展中看清楚这一变化的原因。

首先,在饱受内战和屠杀的地区,战争和暴力大肆蔓延,尤其是在撒哈拉以南的非洲,在前南斯拉夫的分裂主义者的战争中,以及欧洲旧帝国边界的内部共同体(inter-communal)的持久暴动中。这些发展似乎表明,那些国与国之间的战争,它们看上去是克劳塞维茨的理论设计对象,已离我们远去,一个内战、非国家战争和社会无政府的新时代正在到来。《孙子兵法》似乎提供了对这类战争的更好理解,因为孙子生活在一个内战无休无止的年代。①

第二,从克劳塞维茨到孙子的转变,其原因与"军事中的变革"联系密切。战略信息战(SIW)和第四代战争的概念已经广泛使用孙子的思想来解释和阐明各自的地位。《亚洲时报》的一位评论员曾说,2003年伊拉克战争中"震慑与威吓"的"真正开创者"是孙子。② 有些评论家甚至得意地宣称,在这场战争中孙子击败了克劳塞维茨,因为美军按照孙子的原则展开了这次战役,而伊军的俄罗斯顾问靠的是克劳塞维茨和1812年侵俄战争中俄国人防御拿破仑的经验。③ 但这种洋洋自得的态度早已被抛弃,如今很明显,要想使全盘理解伊拉克战争的进路成为可能,还要做很多前期工作,但

---

① Robert D. Kaplan, *Warrior Politics*, Vintage Books: New York, 2002.
② Marwaan Macan Marker, Sun Tzu: The Real Father of "Shock and Awe", in *Asia Times*, 2 April 2003.
③ Ralph Peters, A New Age of War, in *New York Post*, 10 April 2003.

我们似乎也可以公正地说,如果孙子的原则对战争行为有一些重要意义,那么它也要为此后出现的问题承担责任。

[8]这正是问题所在。《孙子兵法》以及战略信息战、第四代战争的那些理论家们,在处理战后情况方面,缺乏政治维度。① 他们太过关注纯粹的军事方面的胜利,而对于将军事胜利转化为真正的胜利的过程重视不足。孙子战略的三个核心要素在我们的时代不能轻易地得到应用:那种欺骗敌人的普遍态度有欺骗民众的风险,这对任何民主政治来说都成问题。原则上,间接的战略会削弱对反应迅速、心思笃定的对手的威慑。集中心思扰乱敌人的意志和心态仅仅可以使己方避免在不利的时间地点作战,并且可能选择更好的时机开战——只要己方仍然掌握必要的手段,也就是武器和军队。

有了孙子,人们可能会赢得战斗甚至战役,但却难以根据他的原则赢得一场战争。这是因为孙子对塑造政治形势并不感兴趣,他生活在一个看起来内乱不息的年代。对他来说,唯一的选择就是通过尽可能低的代价和避免战争存活下来,因此即便一场胜利的战斗也可能使自己在对战下一个对手时实力变弱。麦克内利(Mark McNeilly)强调了现代战争中遵照奠定在孙子军事原则基础上的战略的好处。和历史上常常发生的一样,如果希望凸显孙子同克劳塞维茨的差异,那么就容易忽略二者进路的相似性。比如,《孙子兵法》中"快速行军,攻克抵抗"的战法就同克劳塞维茨支持的战法非常相似,这一战法还被拿破仑践行过。

但主要问题是,麦克内利和孙子都忽略了一个战略视角,这就是,在战争之后塑造"政治社会形势",并且"通过计算"(克劳塞维

---

① Antulio II Echevarria, *Fourth-generation Warfare and Other Myths*, Carlisle, 2005; David Lonsdale, *The Nature of War in the Information Age. Clausewitzian Future*, Frank Cass: London, 2004.

茨,《战争论》,页196)①塑造它们对战争行为的影响。如前所述,这对孙子及其同时代人来说不算一个严肃问题,但却是我们时代战争的一个最重要的方面。② 如果有人想将中国军事文化,尤其是道家的思想吸纳到自己的战略思想中,可能《淮南子》中有关领导力和战略的那一章要更适合些,因为相较孙子的战略,它隐含的战略意图同我们时代的需求和任务的关系要更密切。③

[9]最后还必须考虑如下现实:孙子的战略在对抗如下对手的过程中也许是成功的,这些对手有着一种极其脆弱的军事力量或相关共同体的秩序,例如军阀体制和独裁统治,这正是孙子时代常见的对手。他的书中充满了这样的例子,在这些例子中,用相对简单的行动打击对手的军队或共同体秩序,导致对方秩序混乱,甚至陷于瓦解,或者完全失去战斗意志。这种进路在对手军事力量薄弱,社会基础不稳时显然是成功的,但在遇到更强硬的对手时则变得问题重重。尽管孙子概括出了对抗脆弱的对手时使用的战略原则,这些原则可能会在某些特定情况下取得成功,但克劳塞维茨却通过反思拿破仑发动战争的办法的成功、局限与失败,提出了一种范围广泛的有关战争的政治理论。尽管他反思的可能只是单一的战略,但他却能通过考察这一战略的成功、局限与失败,提出关于战争的一般性理论,它超越了一种纯粹的且受到了历史局限的军事战略。

克劳塞维茨的"三位一体"是这一发展的最终成果,也是他的真正遗产,是他的"遗嘱"(阿隆)。它为我们提供了一种理解,在这里,我们不再需要将他有关战争的不同规定视为前后不一致,也不

---

① 克劳塞维茨:"而且,政治形势——政治形势由它(战争——罗特补充)决定——不会仅仅通过计算便反作用于它。"(《战争论》,页196)

② Mark McNeilly, *Sun Tzu and the Art of Modern Warfare*, Oxford: Oxford University Press, 2001.

③ Huai-nan tzu, *The Book of Leadership and Strategy*. Translated by Thomas F. Cleary. Shambhala: Boston, MA, 1990.

必只选其一作为整体解读的基础。这在过去解读克劳塞维茨的过程中经常出现。尽管如此,克劳塞维茨在有关防御的章节中,在一段似乎是在较晚时期插入,直到如今仍然被低估的话中,最清晰地解释了他的方法论:

> 必须再一次提醒读者,为了清晰鲜明地强调我们的观点,我们在论述中只引用了那些完美的对比、极致的事例。作为真实的存在,战争经常处于这些极端之间,战争有多接近这些极端,这些极端就对战争产生多大影响。(517)①

本书对于《战争论》的新解读试图在这一方法论的基础上,同时也基于他对耶拿、莫斯科与滑铁卢战役的分析,重构克劳塞维茨的"未完成的构想"(艾奇瓦里亚[Antulio Echevarria II]),并以此试图勾勒出有关战争和战事的一般理论的基础。

[10]最后必须指出,为了达到清晰性,我在本书中关注的对克劳塞维茨的新的解读,源于克劳塞维茨对不同战役的分析。当然,苏联解体和"9·11"事件后的新进展对我的解读也产生了潜在影响。其他的重要方面,例如有关克劳塞维茨与当今时代的关联性以及对他的著作的解释,在其他地方已有论述。我与基根的争论以及他对克劳塞维茨的批判中存在的矛盾可以在《国防和安全分析:"政治"或"文化"的优先性》(*Defense and Security Analysis*:"*Primacy of 'politics' or 'culture'*",2001年8月)一文中找到,本书重述了这篇文章的部分内容。克里菲尔德神话学的假设已在此前本书的德文版中进行了描述。有关克劳塞维茨的进一步传记信息也包含在

---

① 在我的 *Lyotard und Hegel*(Vienna,2005)一书中,我将这个概念作为进行哲学考察的关键基础。在此,我只想提醒,"之间"(Between)也是沃格林和阿伦特所持观念的重要基础。

我对克劳塞维茨与黑格尔的比较中(参见"Clausewitz und Hegel. Ein heuristischer Vergleich", in *Forschungen zur brandenburgischen und preuβischen Geschichte*, 1/2000)。虽然我同意克林格雷(Colin Gray)有关克劳塞维茨对 21 世纪之重要性的论点(如今,也许克劳塞维茨比以往更重要),但在我看来,他与我们的时代不同的战略目标之间的关系较之"现实主义"进路所承认的要密切得多。① 我在这个方面撰有论文《克劳塞维茨与新牵制:限制战争和暴力》("Clausewitz and a New Containment:Limiting War and Violence"),这篇文章将被收录进斯塔坎(Hew Strachan)和我主编的《21 世纪的克劳塞维茨》一书(Oxford,2007)。克劳塞维茨的潜在的辩证观念同哲学问题的相关性在我的《利奥塔与黑格尔:哲学与政治的辩证法》(*Lyotard und Hegel. Dialektik von Philosophie und Politik*, Vienna, 2005)一书中有所阐述。在《克劳塞维茨的作为战争的一般理论的三位一体和暴力冲突》("Clausewitz's Trinity as General Theory of War and Violent Conflict", *Theoria*, 2007, 即出)一文中,我尝试运用克劳塞维茨的三位一体和我的解读发展出一种关于战争的一般性理论。有关战争话语的某些新进展的讨论,可以在我的《私人化战争与世界秩序冲突》一文中找到("Privatized Wars and World Order Conflicts", *Theoria*, August, 2006)。

在准备本书英译本的过程中,我越来越意识到亏欠同事们、朋友们和家人们甚多。我首先要十分感激斯塔坎(牛津)的热情邀请,我们联合召集了"21 世纪的克劳塞维茨"研讨会(牛津,2005 年 3 月 21 日—23 日),并成为[11]随后文集的共同主编,在此我要感谢他的支持与合作,是他联系本书在牛津大学出版社出版,另外,他作为牛津利弗休姆"变化中的战争性质"项目(Leverhulme program)

---

① Colin S. Gray, *Another Bloody Century. Future Warfare*, Weidenfeld & Nicholson:London,2005.

的主任，资助了本书的翻译。所有这些鼓励都至关重要，没有他，一切都不会成功。霍尔顿（Gerard Holden）准确地翻译了德文本，他的工作非常细致，甚至纠正了德文版中的错误。作为克劳塞维茨专家，莫兰（Dan Moran）做了大量编辑工作，完全出于兴趣和慷慨，这让我惊喜且心存感激。与巴斯福特（Christopher Bassford）、艾奇瓦里亚和霍利希（Jan Willem Honig）不间断地（通过邮件和私人性）讨论颇有益处，它促使我更仔细地审视我的思想成果。赫塞尔（Beatrice Heuser）为这个项目撰写了肯定性的同行评审意见。

当然，上面提到的任何人都不能为我的错误或为我作为一个政治哲学家在这种辩证进路方面的"奇怪"坚持承担责任。我的妻子在我工作和研究资助遇到艰难和没有保障的那段时间中让我坚持做完了这个项目，我对她的感激无以言表。最后，我想把本书献给我学术生涯中的第一位老师哈尔韦格（Werner Hahlweg, 1912—1989），纪念我们的友谊并表达我的感激，1952年以来，他主编了克劳塞维茨的《战争论》德文版，也编辑了克劳塞维茨此前很多不为人知的作品。是他首次使我注意到克劳塞维茨，在这个对我们行动的历史维度的意识愈发缺失的时代，我愿意用这本书来纪念他。

第二部分 对立和摇摆

第一章　克劳塞维茨和拿破仑：
耶拿、莫斯科与滑铁卢

> 克劳塞维茨的陈述和与之对立的陈述,"如重物和砝码,可以说,正是它们的作用和相互作用,使真理的尺度得到了平衡"。
>
> 林尼贝奇①

[15]耶拿、莫斯科与滑铁卢,它们不只是城镇或城市的名称,也不只是战场和军事上的胜利、失败和毁灭发生的地点。1806年拿破仑在耶拿和奥尔施塔特对普鲁士军队取得的胜利是如此彻底和全面,以至于它们导致了人们整个世界观念的坍塌。莫斯科(1812年)是拿破仑战争的转折点。滑铁卢之战(1815年)是解放战争的最后一战,对拿破仑来说,这也是一场彻底失败的战争。所有这些地方都与拿破仑的名字相关。起初,这里有拿破仑。② 但是,"战神"拿破仑,对于克劳塞维茨一生有关战争理论的研究而言,既是起点,也是终点。

这一领域的文献有一个几乎一致的看法,即拿破仑发动战争的成功方式对克劳塞维茨的理论有重要影响。但迄今为止,尚未有人追问,克劳塞维茨的理论如何处理拿破仑后来的失败,特别是俄国

---

① 语出林尼贝奇(Carl Linnebach)。Werner Hahlweg 在《战争论》(*Vom Kriege*)第 1361 页引用了他的观点;英文由 Gerard Holden 翻译。

② "起初,这里有拿破仑"是尼佩代的多卷本德国史 *Deutsche Geschichte 1866—1918,1:Arbeitswelt und Bürgergeist.* Munich,1990 开头的第一句话。

战役的失败和滑铁卢的最后战败。的确,拿破仑的胜利战役引领克劳塞维茨提出了关于胜利战争的理论。但只有拿破仑在俄国,继而在莱比锡(1813年)和滑铁卢(1815年)的失败,才使克劳塞维茨有可能提出一种关于战争的政治理论。然而,这并不意味着,克劳塞维茨有关战争的政治理论是一种关于战争失败的理论。但它的确意味着,与拿破仑发动战争的方式相关联的成功、局限和失败迫使克劳塞维茨反思纯粹军事问题之外的问题,进而将他引向一种有关战争的政治理论。

[16]对克劳塞维茨来讲,耶拿、莫斯科和滑铁卢不仅象征着他亲身经历的具有世界历史意义的事件(尽管他的军衔不够高,不能参与重大决策)。军事历史学家福斯特(Stig Förster)认为,1792年至1815年间是历史上第一次真正的世界大战,许多非欧洲国家都被卷入冲突。① 这些战争的触发是因为既有的欧洲列强想要通过军事手段扭转法国大革命,法国大革命导致拿破仑夺取政权,推行他的扩张主义,最终导致了随后的欧洲解放战争。拿破仑在耶拿、莫斯科和滑铁卢的胜利、失利与溃败构成了克劳塞维茨有关战争的政治理论的不断变动的核心。对克劳塞维茨来说,耶拿、莫斯科和滑铁卢象征着相互冲突的战争经历,这构成了他的这部著作的主体部分。通过观察他对这些事件的分析,可以重构出他的著作中的那些对立的要素。

因此,我将耶拿、莫斯科和滑铁卢视为三个决定性地点,在这些地方,我们可以最清晰地理解克劳塞维茨的政治理论的要素。当然,他的战争理论的某些方面也与其他地方有关,尤其是与莱比锡的战役、波罗底诺和别列津纳的战斗经历、西班牙战役,以及早期的

---

① Stig Förster, *Ein alternatives Modell? Landstreitkräfte und Gesellschaft in den USA 1775—1865*, in Ute Frevert ed., *Militär und Gesellschaft im 19. und 20, Jahrhundert*. Stuttgart, 1997, pp. 94 – 118; cited as Frevert, *Militär*.

胜利有关。但我相信,这三个地方作为军事交锋和破坏的战场,它们对于克劳塞维茨理论的效果有最为巨大的影响。正如克劳塞维茨在写于那一年的笔记中表达的,它们直接导致了1827年决定性的理论突破。在克劳塞维茨的诸多历史著作的框架内,从1823年到1828年,他几乎将全部时间用在研究这三场战役的战史上。正如他在笔记中表达的,这一对他此前观点的突破,可以直接追溯到他在这些年的工作中。

一 耶拿和奥尔施塔特双城战:灾难及其后果

> 1806年,普鲁士将军……在萨尔费尔德[和]……耶拿附近……陷入了令人惊愕的灾难,这是因为遵从了腓特烈大帝古怪的战斗命令,这不只是一个丧失了有用性的风格的例子,也因为极端缺乏想象力……[17]其结果是,在霍恩洛厄城下,普鲁士军队完全被摧毁,比任何在战场上曾被摧毁的军队都更彻底(154-155)。

在写给妻子的一封信中,克劳塞维茨描述了在这些战役中"肉体和精神上被摧毁的士兵"。① 如果我们还记得腓特烈大帝的话,就能充分认识到这几次战败的重大意义,他的原话是:"普鲁士有这样一支军队守护,就如同有阿特拉斯守护的世界一样安全。"②正是

---

① 克劳塞维茨1807年1月28日来信,载于:Clausewitz, Carl von, *Politische Schriften und Briefe*, Munich, 1922, Hans Rothfels 编,页12;Gerard Holden 翻译;cited as Clausewitz, *Politische Schriften*。

② 腓特烈大帝,在霍恩弗里德-伯格(1745年)普鲁士获胜后的演讲,转引自 Muenkler 的 *Gewalt und Ordnung* 一书,页55;英文由 Gerard Holden 翻译。

这支据说普鲁士可以依仗的军队,不仅被拿破仑更强大的军队打败,也如克劳塞维茨看到的,毁在了自己将军们的手中。

克劳塞维茨认为,普鲁士在耶拿和奥尔施塔特的失败是高层领导软弱以及军事和政治机构的缺陷造成灾难的最严重例子。在他看来,拿破仑的对手在智慧方面的缺乏和道义方面的怯懦也使拿破仑的军队占尽优势。① 此外,当时的日报也把普鲁士战败视作"上帝的裁判",是对人民逐步堕落的提醒。法军对普鲁士大部分领土的占领被理解为"上帝送来的有益惩罚",能够引领人民走出软弱、怯懦和懒惰。它将会使这个国家明白,要使普鲁士和德国获得解放,就需要"学会使用武器",需要为祖国"做出具有男子气的牺牲"。②

克劳塞维茨认为,普鲁士的这几次灾难性战败,归根结底是两个因素综合起来造成的:(1)法国大革命和拿破仑的天才给战争带来的革命性变化;(2)普鲁士政治和军事领导层在"道义上的怯懦",并且,他们也没有能力采取适当方法应对这些转变。克劳塞维茨写道,可以说,在大革命中除了胜利什么也看不见的那20年,在很大程度上是反对革命的各国政府的错误造成的。旧的欧洲议会很晚才认识到,一种全新的动力已经在谋求政权的争斗中发展了出来(609-610)。③

克劳塞维茨早期理论中战争的生存主义结构

克劳塞维茨有关普鲁士三次战败原因的阐释,以一种根本方式

---

① Peter Paret, *Clausewitz und der Staat*, Duemmler: Bonn, 1993; cited as Paret, *Staat*.

② Karen Hagemann, "Heldenmütter, Krieger bräute und Amazonen", 载 Frevert 编, *Militär*), pp. 174-200, 关于这一点, 参见页 182-183。

③ Gerhard Ritter, Revolution der Kriegführung und der Kriegspolitik. Napoleon und Clausewitz, in Guenther Dill, *Clausewitz in Perspektive*, Ullstein: Frankfurt, 1980, pp. 291-333; 下文简写为 Dill, *Clausewitz in Perspektive*。

改变了他对战争的政治主体(political subject of warfare)的观念。[18]他分析的重点不再是普鲁士王国,而是发动战争的德意志民族。"我们这些失去祖国的四处游荡的孤儿,眼见着自己为之奉献的,帮助确立的国家的光彩走向泯灭。"①用帕雷特的话说,在这些年里,克劳塞维茨的目标是"自由德国的理想"。

> 我们怀有最崇高的希望;如果说我们曾经挽救了德意志民族的荣誉、自由和民众的福祉,那么任何一支军队挥洒鲜血带来的荣耀也没有我们这样多。②

他提到德意志民族的直接原因,并不简单是普鲁士的失败,而最重要的是,他认识到法国的胜利是由动员整个国家带来的。征兵的军队被派上战场,仅凭数量就比那个时代占主导地位的军事强国的军队强大得多,这在历史上是首次。③

然而,全国性动员影响的不只是征招入伍的青年男子。"全民动员"(levée en masse)要求全体法国公民成为履行兵役的先遣队的一部分。青年男子参军入伍,已婚男性铸造武器并负责保障,女人

---

① 克劳塞维茨在日期标注为 1807 年 1 月 9 日给未婚妻玛丽的信,参看 *Politische Schriften*,页 10:"Verwaist irren wir Kinder eines verlorenen Vaterlandes umher und der Glanz des Staates, dem wir dien – ten, den wir bilden halfen, ist erloschen."英文由 Gerard Holden 译。

② 克劳塞维茨的 Historische Briefe über die großen Kriegsereignisse 1806—1807,载于 *Verstreute kleine Schriften*, Osnabrück, 1980, pp. 93 – 125;这里的段落引用自页 124 – 125:"Wir haben die schönsten Hoffnungen in uns genährt; denn nie hat wohl eine Armee einen edleren Ruhm mit ihrem Blut erkauft, als der gewesen wäre, die Ehre, die Freiheit, das Bürgerglück der Deutschen Nation gerettet zu haben."Gerard Holden 译,下文简写为 *Verstreute kleine Schriften*。

③ 有关法国大革命以来国家总体动员的激动人心的评论,参见 Daniel Moran and Arthur Waldron 主编的 *The People in Arms*, Cambridge University Press: Cambridge, 2003。

制作帐篷、服装并在医院工作,孩子们制作绷带,老人们在公共广场鼓舞士气,宣告他们对敌人的仇恨。声明继续称:"从现在开始,直至将所有敌人赶出共和国领土,所有法国公民都将永久服役。"①在为他的军事导师和朋友沙恩霍斯特撰写的讣文中,克劳塞维茨强调了国家概念的军事潜力。他论述道,法国人已经将可怕的战争元素从旧式的金融和外交限制中释放出来。他看到,战争带着它释放出来的巨大能量,采取了原始的暴力形式。②

克劳塞维茨将这种在国家机构之外实现德意志民族的取向和蒙克勒(Muenkler)所谓的"战争的生存主义建构"(existential construction of war)结合在一起。根据这种观念,战争不是追求政策目标的直接方式,而是政治实体构建、转型和变革的媒介。因此,战争也成为一个媒介,人们通过它突破自身常态、超越日常的[19]利己主义,首次达到了政治体(body politic)意识到自身身份的状态。③

作为确立或改变政治身份的一种手段,战争的生存主义建构在克劳塞维茨写于1806年的一封信中可以明确地看出:

> 你要革命。对此我不反对,但如果是在公民宪法中,在国家的结构中,在由战争引起的各部分的运转与震荡中实现

---

① Muenkler, *Gewalt und Ordnung*, pp. 54 – 56.

② Clausewitz, Über das Leben und den Charakter von Scharnhorst, 载于 Clausewitz, *Verstreute kleine Schriften*, pp. 205 – 250;亦参见克劳塞维茨对法国和德国的令人敬仰的民族人物的反思,参见他的论文"Aus dem Reisejournal von 1807"和"Die Deutschen und die Franzosen",两篇文章都写于1807年,载于克劳塞维茨的 *Politische Schriften*, 页 23 – 34 和页 35 – 51。评论本身并不重要,但它们的确反映了克劳塞维茨有关政治主体的观念已经从普鲁士国家转向德意志民族。

③ Clausewitz, *Politische Schriften*, p. 75; Muenkler, *Gewalt und Ordnung*, pp. 103 – 104.

革命,事情难道不会更简单么?①

在1809年的一封信中,他再次陈述相信欧洲需要一场革命:

> 无论谁胜利,欧洲都无法摆脱一场伟大而全面的革命……即使是一般的德国人民起义……都将成为这场革命的先驱。②

在这里,克劳塞维茨不仅倡导在公民社会和国家结构中进行革命,也是在说通过发动战争更容易产生这样的革命。

但是,我们不应被克劳塞维茨有关革命的词语选择所欺骗。在他思想发展的这个阶段,他支持革命的想法,强烈地使自身着眼于作为一个政治主体的"德意志民族"。但以这种方式争论,他主要追求的就不是民族的或革命的目标自身;相反,他是想要将它们作为手段,实现军事上的目的。从他的视角出发,拿破仑及其军队一直以来在所有战事中高奏凯歌,如果普鲁士(或德国)能有效抵抗他们,法国革命

---

① 克劳塞维茨的 Politisches Rechnen,参看 Hans Rothfels, *Carl von Clausewitz. Politik und Krieg*, Bonn, 1980, p. 216: "Sie wollen eine Revolution—ich habe nichts dagegen; aber wird diese Revolution in der bürgerlichen und Staatenverfassung sich nicht weit leichter machen in der Bewegung und Schwingung aller Teile, welche der Krieg hervorbringt?" Gerard Holden 翻译。在接下来的句子中,克劳塞维茨承认,目前不可能发生革命,但这并未改变他的基本看法,即这种革命可以,而且应该通过战争产生。

② 克劳塞维茨,1809年1月2日的信,载于 Schwartz, Karl, *Leben des Generals Carl von Clausewitz und der Frau Marie von Clausewitz geb*, Gräfin Brühl, 2 vols. Berlin, 1878, pp. 330 – 331: "Einer groβen und allgemeinen Revolution kann Europa nicht entgehen, es mag da Sieger bleiben, wer will… Von dieser groβen und allgemeinen Revolution…würde selbst eine allgemeine Insurrektion der deutschen Völker nur ein Vorläufer sein";英文由 Gerard Holden 翻译;以下简写为 Schwartz, *Leben*; Aron, Raymond, *Den Krieg denken*. Propylaen: Frankfurt, 1980; p. 56;以下简写为阿隆: *Den Krieg denken*。

军取得的成绩就会使政治主体的转型成为必要。普鲁士的旧式军队及其旧的政治结构无法做到这一点。但对克劳塞维茨来说,对军事成功的明显而完全的专注及优先考虑,为人们通过战争和暴力突破常规状态的程度设置了界限,因为这一过程依然与人的行动的工具价值相关联。相较而言,我所说的通过战争和暴力而产生的对人的抑制,却并未被设置任何现实的限制,正如在解放战争时期阿恩特(Ernst Moritz Arndt)和科尔纳(Theodor Körner)、后来第一次世界大战期间荣格尔(Ernst Jünger)和舍勒(Max Scheler),以及20世纪50年代到60年代非殖民化时期法农(Frantz Fanon)观察到的那样。①

克劳塞维茨的新观点和耶拿战役后普鲁士军事改革家们的新观念一样,是一把双刃剑。作为普鲁士[20]战败的应对之策,引入军事改革不仅要着眼于战胜方的拿破仑军队这一榜样,也要考虑普鲁士的具体国情。结果导致了一种特定的紧张。一方面,要动员整个社会支持发动战争,培养出随时准备做出爱国行动和牺牲自身生命的士兵公民(soldat citoyen)。另一方面,政治转型仍然受到限制,因为他们不想做任何危及既有统治结构的事。普鲁士不是一个公民主权国家,甚至没有一部限制君主权力和使公民有可能参与起草立法的宪法。但如果缺乏必要的社会基础,没有所有公民平等和对他们来说同等参与政治生活的机会,如何可以根据法国的模式,调动民族的热情,使他们做好为民族国家牺牲的准备呢?

因此,军事改革就自相矛盾,尽管其中无疑包含了很多的积极因素——特别是取消有辱人格和不人道的惩罚。改革者们面临的

---

① Muenkler, *Gewaltund Ordnung*, pp. 104 – 107. 暴力与战争作为摒弃人类对自我限制的媒介,或者作为人类对"不朽的妄想"的表达,在索夫斯基笔下得到了生动描述,参见 Sofsky, Wolfgang, *Traktat über die Gewalt*, Fischer:Frankfurt 1996;简写为 Sofsky, *Traktat*;以及 Berghoff, Peter, *Der Tod des politischen Kollektivs. Politische Religion und das Sterben und Töten für Volk*, *Nation und Rasse*, Akademie:Berlin, 1997。

难题是,动员全社会参与战争,但却不改变现有社会结构的任何部分。解决这一难题的唯一办法是"教育专政"(Erziehungsdiktatur)。在普鲁士战败之前,军队曾是一个内部残酷、缺乏自由的机构,并且,不同社会阶层之间的严格区分也已司空见惯。改革者认为军队需要成为"整个民族的主要学校",正如战争大臣冯·博因在1814年《普鲁士防卫法》中说,既是为了战争,也是为了和平。在采取这一步的过程中,改革者们不仅要求全体国民在真正的战时阶段这一有限期间内为国效力,而且要做得更多。从现在起,这种服役也要成为和平时期的目标,在此期间,正如在战后的公民社会中看到的,原本只具有次要效应的东西成了主要目标:军队被认为应该变得更文明,但国家要武装起来。军机大臣冯·劳默尔(von Raumer)主要根据公民在服兵役期间获得的"有益的秩序感,服从和荣誉"(它们同样适用于"不同情况")理解上述观念中的第二点。①

[21]然而,如果把克劳塞维茨视作一个革命派,也会是一个错误。实际上,(如阿隆所说)1809年的信件表达的是所有保守派在革命时期都要经历的矛盾。如果有一天"民众中肆虐的混乱"危及普鲁士国王,克劳塞维茨写道,他将毫无疑问地为君主牺牲生命。他不希望通过这样做来延迟或扭转革命;那将需要采取完全不同的办法,英勇的自我牺牲是不够的。但他会竭尽所能,并自豪地展示,为了效忠国王,他能做出怎样的牺牲。同时,他强调,如果国王不得不依靠这样的行动,王位将会沦丧。他因此继续显示对于体现在国王身上的国家的无条件忠诚,或者毋宁说是一种对君王人格的近乎

---

① Ute Frevert, Das jakobinische Modell: Allgemeine Wehrpflicht und Nationsbildung in Preußen Deutschland, in Frevert, *Militär*, pp. 17–47;关于这一点,参见页25–26。我们需要更细致地思考如下问题,这就是,像格奈泽瑙这样的人,当他呼吁一部自由宪法的时候,是否如Frevert[弗雷弗特]所想的那样,不过是在使用一种"政治修辞"。

封建式的臣服。但他也清晰地看到革命危机的程度,正是因为这一点我们才将他划归到改革派的阵营中。① 克劳塞维茨的战争生存主义建构因此表达了对旧秩序的忠诚和建立在法国模式基础上的战争的彻底变革之间的紧张。同样,也必定可以在给军事现代化带来障碍的政治与社会领域的变革中看到这一点。

抑制暴力

在《战争论》中,克劳塞维茨说,理论有义务"优先考虑绝对形式的战争,并使这种形式成为一般的参照点"。任何希望从理论中学到东西的人都必须考虑绝对形式的战争,如此,他才会"将这一点牢记在心,用以衡量所有的希望和恐惧,并在他能够或者必要时接近这个点"(581)。在克劳塞维茨生命的大部分时间里,指导他思想的是战争形式的理念,当战争行为的目标、理想和自然过程,在技术上是可能的,也可以为社会接受时,战争就会倾向于走向绝对和极端。早期的克劳塞维茨将战争的扩张和趋向于绝对形式理解为取得军事成功的一种方式。

在克劳塞维茨看来,[22]无限制暴力的倾向,作为战争行为的一种方法和工具,被法国大革命和拿破仑军队的成功证明为正当的。② 富勒(John Fuller)在他的克劳塞维茨研究中,强调了一种方法,他借此(部分地)建构了围绕决战理念的分析,比如在有关战斗是战争的本质(127)的段落中。决战必须总被视为战争的真正焦点。直

---

① 这些观点和克劳塞维茨的引文,都出自 Aron, *Den Krieg denken*, pp. 56 – 57,以及来自 *Leben Schwartz*, pp. 330 – 331;由 Gerard Holden 翻译。

② 富勒怀疑克劳塞维茨是否真正地运用了拿破仑的战争行为作为他的概念表述的基础,相反,他提示说,克劳塞维茨可能以一种抽象的形式形成了这些概念。参见富勒的 *Die entartete Kunst Krieg zu führen*, Cologne, 1964, p. 65。

接摧毁敌军主力部队一直是首要目标。主要战斗是决定局势的最血腥方式。克劳塞维茨进而说:这场战斗不仅是相互屠杀,其效果更多是摧毁敌人的勇气,而不只是杀死敌军,但必须总要付出血的代价。在这段话中,克劳塞维茨说,如果要赢得战斗,就必须采取这种行动,但他继续说,作为一个人,指挥官可能会选择退却(259)。①

在论使用战斗的章节中,克劳塞维茨引入"双重法则"(dual law):

> 敌人力量的摧毁通常伴随着大战及其战果;大战的首要目的务必是摧毁敌人的力量。(258)
>
> 正如凹面镜的焦点将阳光聚成一个完美的影像,发出最大强度的热,战争的各种力量和条件也在主要战斗中结合和压缩,以发挥出最大效能。(258)

克劳塞维茨继续说道:

> 不仅是战争的概念引领我们仅在大战中寻求决定性的时刻;过去的战争经验也带给我们同样的教训。如果波拿巴在战前就对流血牺牲的前景胆怯畏惧,他就不可能经历乌尔姆之战(1805年10月20日)那样杰出的胜利。

克劳塞维茨继续用戏剧性的语气说:

> 我们对没有流血牺牲就取得胜利的将军不感兴趣。杀戮是一种骇人的场景,这一事实使我们必须严肃对待战争,但不能成为我们以仁慈之名逐渐钝化兵刃的借口。(260)

在战斗胜利后乘胜追击敌人的问题上,克劳塞维茨尤其明确地

---

① Fuller, *Die entartete Kunst*, op. cit., pp.78-79;《战争论》的整个第四篇本质上是对暴力发泄作为实现军事目标的一种方式的考察。

表达了作为一种实现军事胜利的极端暴力的理念。通过追击敌人从而摧毁他们是拿破仑式战争的鲜明特点之一。克劳塞维茨强调,在早期的战争(18世纪的内阁战争)中,指挥官太过专注于取胜的荣誉,没有充分重视消灭敌人。他们认为这只是众多方法的一种:"肯定[23]不是主要的,更谈不上是唯一的。只要敌人放下武器,他们就等不及把刀剑还匣。"对他们来说,只要结果明了,停止战斗就再自然不过;他们将取胜后的任何更多的流血牺牲视为毫无必要的残忍(265)。

克劳塞维茨不同意这种观点,他强调,除非胜利之后紧接着追击和消灭敌人,否则胜利不会产生大的效果。他说,在最近的战争中,追击敌人已经成为"战胜者的主要关切之一"(266)。投入这种追击中的精力才是决定胜利价值的主要因素,并且,在很多情况下,这甚至比战场上的真实胜利更重要。由于被追击,战败的敌军会遭受更多的疾病和疲劳,由于一直担忧掉队,他们饱受折磨、精神萎靡,以至于不再能够思考如何有效抗击。随着追击一天天延续,不需要任何进一步打击,数以千计的敌军士兵就会被俘。追击的目的是消灭敌人,尤其是毁灭敌人的秩序和士气。① 克劳塞维茨在此的意思不是从身体上摧毁敌人,而是试图使其解体,使他们无法采取进一步的军事行动。克劳塞维茨解释说,每当他使用"消灭敌人的力量"这个短语时,他的意思是"战斗部队……不能再继续战斗"(90,强调为原文所有)。

在军队溃逃过程中的解体和追击者的军事能力的增长之间存在一种相互关系。即便军队有组织的追击也不能直接比作一群猎狗的行为,但一些心理层面的,特别是士气上的效果是相似的。具有决定性的一点是,逃亡使被追击方的社会关系陷入原子化状态,追击则大大增强了追击方的军事潜力。战争中追击的群体和追击

---

① Clausewitz, *On War*, pp. 263 – 270, 利用胜利的战略途径一章。关于这个表述,克劳塞维茨和孙子没有太大差异。

者都是无懈可击的,他们一开始就握有行动和突袭的优势,尤其是在夜间。追击军队的暴力首先是速度的暴力,时间是最重要的武器。追击群体想的只有进攻和攻势,不会想到撤退或防御。追击者对被追击者步步紧逼,随着他们越来越接近猎物,他们分享权力的感受也更加强烈。追击者急于获胜,对他们来说那一刻似乎[24]意味着绝对的自由。看起来,即将到来的胜利给他们施了魔咒。随着追击者步步紧逼猎物,他们杀戮的能量和渴望也在增长;同时,战斗的投入耗尽了被追击者的勇气、力量和抵抗能力。[1]

拿破仑残军退败渡过贝尔齐纳河时遭受严重损失,从一位现场目击者的报告中我们可以非常清晰地看到这些心理影响发挥的作用:

> 当我到达那座桥时,眼前的场景混乱至极。数以千计……掉队的士兵,听到大炮的声音后,涌向路口,形成了庞大的人流。巨大的挤压很快让这座桥变成了一条挤满亡者和垂死者的通道……一大群军人紧紧地拥挤在一起,我看见有人被压倒,一旦倒下就只能被身后挤过来的人群无情地践踏在泥泞的河岸上。试图游泳或者通过浮冰过河的马匹与士兵,挣扎着要从河里出来,有时候徒劳无功,最终命丧沼泽。[2]

克劳塞维茨这样评论他的这次经历:"连续不间断的逃亡"是导致敌人崩溃的主要原因。"对士兵来说,最令人反感的是在艰苦行军后刚想休息时再一次听到敌人的枪声。这种感觉,如果一天天重复,能使人陷入绝对的恐慌。"(267)正如克劳塞维茨在耶拿战后描述拿破仑的战略时那样,只有追击并消灭逃跑的敌军才能使战场胜利转化

---

[1] 所有这些观点都取自 Sofsky 的 *Traktat* 一书中"追踪与逃跑"(Jagd und Flucht)一章,页 159–167。

[2] Eckart Kleßmann, *Napoleons Russlandfeldzug in Augenzeugenberichten*, Düsseldorf, 1965, p. 304; Gerard Holden 译;亦见 Sofsky, *Traktat*, p. 236。

为真正的伟大胜利。

尽管使用了如此嗜血的语言,早期的克劳塞维茨将极端的暴力视为战争取胜的一种理性工具和方式。这种观念的工具性方面同样也为战争升级设置了内在限制,因为它必须导向军事上的胜利。尽管这只是一种微弱的限制,从道德上来讲并不充分,但它也许解释了克劳塞维茨后来为何将战争走向升级的倾向视为这一限制的对立面。将暴力的规模纳入军事成功的标准,使克劳塞维茨在拿破仑不断扩大的暴力不再带给他胜利的这个特定时刻,对拿破仑战争的态度变得不再那么绝对。

进攻的优先性

[25]克劳塞维茨认为,普鲁士战败的根本原因不只是普鲁士政治领导层的错误和怯懦,也不只是法国军队在数量上的优势;拿破仑的军事天才也至关重要。为了找出腓特烈大帝和他自己所处时代引发战争行为的可能性之间的差异,他在《战争论》第八篇中(即整部书的后面部分)说,奥地利和普鲁士战斗的对手是"战神"拿破仑。起初,军事战略家们(尤其是普鲁士的军事战略家们)认为拿破仑发动战争的方式是成功的,但同时也简单粗暴,最重要的是缺乏艺术性。只有在耶拿和奥尔施塔特遭到决定性战败之后,评论家圈子才认识到,是什么给予了拿破仑超越对手的决定性优势:他前所未有的攻势力量,行动的速度和惊人的魄力,他总是尽最大努力在决定性的战场上集中压倒性的兵力,以及他谋划整个战局的方式,使他能够以一场毁灭性的战斗决定胜负,并在战后立刻追击溃败之敌,直到敌军完全瓦解。①

---

① Gerhard Ritter, Revolution der Kriegführung und der Kriegspolitik. Napoleon und Clausewitz, 载于 Dill, *Clausewitz in Perspektive*, pp. 291 – 333;关于这一点,参见页297。

暴力的发泄与着眼于进攻的优先性之间存在直接联系。克劳塞维茨认为,最好的战略始终非常强有力。这条原则一般来说是有效的,而对战场上的决胜点来说尤其适用。克劳塞维茨说,没有什么战略原则比要求指挥官保持部队统一更高或更简单。他支持拿破仑的原则,这就是,一支军队在决胜时刻怎么强有力都不为过。他还说,他想要发展出来的法则,规定了应该同时使用为实现一个战略目标而动用的全部力量。如果一切都集中在一次行动和某个时间节点上,那么,这种对于军事力量的使用就会做到更加绝对(194 – 197)。

军事力量相对于政策的优先性

在解读克劳塞维茨写给费希特的信的过程中,帕雷特认为,在对普鲁士败于拿破仑和法国军队之手的相关情况进行分析时,克劳塞维茨和费希特意见一致,但[26]却不同于他们同时代的其他人的意见。他们两人都相信,马基雅维利的著作能开阔一代人的视野,这些人在政治生活中无视和腐化包括军事力量在内的暴力的重要性。①

克劳塞维茨批评普鲁士社会中那些在他看来在普鲁士战败前后主张绥靖政策的人。他抨击宫廷和公众的大部分人,他们中的许多人认为有必要臣服,指望战胜者大发慈悲,有些人竟如此放肆,他们更看重自己的安全,更看重在和平中享受资产阶级的财产权。如果能使之得到保证的话,他们甚至准备牺牲国王的权利、荣誉和自由。而那些并不认为以最可耻的方式臣服是一项义务,并因此主张这是不光彩的人,则被社会上最精英的圈子视为叛徒,在这些精英

---

① Muenkler 也将克劳塞维茨视为马基雅维利的追随者,参见 Muenkler, *Gewalt und Ordnung*, p. 62。

圈子中,宫廷和政府官员最腐败。①

克劳塞维茨也说,如果他必须揭示自己灵魂中"最秘密的思想",他更倾向于使用尽可能暴力的方法:

> 我会使用鞭子抽打动物使它从昏睡中醒来,这样那条它在胆小和怯懦之下甘愿被套在身上的锁链将会粉碎。我将释放德国人的精神,化作一种解毒剂,利用其破坏性的力量,消除可能造成整个民族精神衰弱的祸害。②

克劳塞维茨和费希特指出,拿破仑已经证明了军事实力针对不充分的武装理想的优势,并把它放在了马基雅维利的"无期限的声明"的语境下,这恰恰就是政治的本质。③ 然而,着眼于军事实力的优先性预设了一种明确的(和有限的)政策概念,也就是那种以公民的方式(in civil terms)构想的政策概念,这在根本上不同于武力。④ 这一有限的政治概念出现在克劳塞维茨对普鲁士早期的中立政策的批评中,他在实践中认为,这种政策将政治缩减成了外交。

总结一下目前为止的论述。普鲁士在耶拿和奥尔施塔特的战败使克劳塞维茨提出了四个观点,这构成了他的战争理论的早期阶

---

① 克劳塞维茨的 *Schriften*, *Aufsätze*, *Studien*, *Briefe*, Werner Hahlweg 编,2卷本,Göttingen 1966 and 1990, pp. 686 – 687;简写为 Clause witz, *Schriften*。

② 克劳塞维茨的 Briefe an die Braut,载 Schwartz, *Leben*, Vol. I, pp. 233, 288,原文为"mit Peitschenhieben würde ich das träge Tier aufregen und die Kette zersprengen lassen, die es sich feig und furchtsam hat anlegen lassen. Einen Geist wollte ich in Deutschland ausströmen, der wie ein Gegengift mit zerstörender Kraft die Seuche ausrottete, an der der ganze Geist der Nation zu vermodern droht";英译文为 Gerard Holden 译。

③ Paret, *Staat*, p. 220.

④ 但在这个问题上,克劳塞维茨在他的某些后期评论中,同样也称暴力是政治的最高形式。

段的核心要素。但是,这些要素以拿破仑取胜和他的军事天才为前提,并且可做[27]如下描述:一种生存主义的战争概念;战争内在的无限暴力;不惜一切代价着眼于进攻的优先性;以及克劳塞维茨早期著作中军事胜利优先于(用一种公民的术语来理解的)理想和政治。总体而言,可以说,普鲁士的战败促使克劳塞维茨提出了一种进路,它突破了常规的对战争的理论限制。战争的生存主义建构,迫使发动战争的主体必须转型,因此,就要在政治上解除障碍,并且,着眼于决战使接受极端暴力成为必要,取得军事胜利的绝对的优先性,使着眼于不惜一切代价的进攻成为必要。

二 莫斯科:转折点

关于1812年拿破仑俄国战役的失败,克劳塞维茨得出的结论同他从普鲁士在耶拿和奥尔施塔特的战败中得出的结论截然不同。拿破仑在俄国的战略同他在此前的战争中使用的战略没有本质差异。在克劳塞维茨看来,拿破仑曾希望以他常用的方式在俄国开战并取得胜利。这就是,发起决定性的攻击,利用取得的优势进行深度打击,并利用战果反复地拿一张牌来打赌,直至破产——这就是拿破仑战争的方式。克劳塞维茨写道,我们必须承认,如果不是用这种方式发动战争,拿破仑就不会取得举世瞩目的巨大成功。[1]

但在俄国战役中具有决定性的因素是,敌人的表现完全不同。

---

[1] 克劳塞维茨的 *From the Campaign in Russia*, in Paret, Peter and Moran, Daniel 主编, *Carl von Clausewitz. Historical and Political Writings*, Princeton: Princeton University Press, NJ, 1992, pp. 110 – 204; cited as Clausewitz, *Russian Campaign*, here pp. 201 – 202;在《战争论》中,克劳塞维茨也表达过类似观点,参见 *On War*, pp. 166 – 167。

和一个试图避免任何形式的战斗的对手作战,很难发生一场决定性的战斗。其次,俄国几乎无限的领土空间也给拿破仑的战略造成了不可逾越的障碍。① 克劳塞维茨反复强调,从单纯军事的角度看,拿破仑企图摧毁俄国军队,占领莫斯科,再与亚历山大沙皇进行协商,这一战略是正确的。② 但俄军的回避行动、焦土战术和俄国广阔的地域空间,意味着拿破仑的军队因自身的努力而走向了毁灭。

[28]在克劳塞维茨看来,拿破仑在俄国战役的失败,不是因为他进军太远太快,而是因为唯一能让他取胜的方法失灵了。克劳塞维茨在《战争论》第八篇中说,沙俄不是一个能用传统方式征服的国家。一个类似于俄国这样的国家,只能因自身弱点和内部分歧才会被击溃。克劳塞维茨认为,如果拿破仑能抵达莫斯科,他只能寄希望于动摇俄国政府的勇气,动摇其士兵的忠诚与坚定。在莫斯科,拿破仑希望能找到"和平",这是他给自己定下的唯一合理的战争目标(627)。

拿破仑的确抵达了莫斯科,但那是怎样一种情形! 在克劳塞维茨看来,只有满足进一步的条件,即继续在莫斯科引发恐惧,拿破仑才能够实现和平。不过,正如克劳塞维茨的解释所说,从科夫诺行军到莫斯科不到115公里的距离,拿破仑的军队用了超过12周才到达。出发时28万人的军队只有9万人到达莫斯科。克劳塞维茨认为,如果拿破仑更好地关照军队,他的损失会低得多。但到了莫斯科,士兵筋疲力尽,战马疲惫不堪,右翼面临的是11万强敌,还被一个武装的民族包围着,这支只有9万人的军队被迫在各个方向上设置防御,没有弹夹,弹药储备也不充足,与外界的联系是一条单一的完全被摧毁的小路——一支法国军队在这种条件和情况下无法

---

① Clausewitz, *Russian Campaign*, p. 201.
② Aron, *Den Krieg denken*, pp. 207–208.

在莫斯科熬过寒冬。①

克劳塞维茨写道,当然不曾有其他情形,在这里,"证据是如此清晰,入侵者被自己的努力摧毁"(385)。但如果拿破仑不能确定他能否在莫斯科整个冬天守住阵地,他本应在冬天来临之前就返回法国。正如克劳塞维茨看到的,从亚历山大沙皇拒绝求和的那一刻起,拿破仑的撤退便不可避免。整个战役依据的假设就是沙皇可能会求和(167)。② 然而,莫斯科一场大火,较之其他一切都更引人注目地昭示了在这里找不到任何和平这一事实。火焰中的莫斯科象征着,寻找和平的希望化为虚妄,不管是俄国政府故意在城市纵火,还是哥萨克人在无意中所为。③

[29]俄国战役以我们能想象的最生动方式展现了防御针对进攻的优势,正如克劳塞维茨从这一刻开始反复强调的一样。克劳塞维茨在他最后撰写的一篇文章的结尾处所说,随着战事的进展,每一次进攻都失去了冲击力(71)。俄国人防御动作的优势使克劳塞维茨不得不对他此前有关拿破仑战略的典型特征的看法进行限定,因为拿破仑在俄国战役中同样采取了进攻性的战争方式,在克劳塞维茨看来一直以来都是正确的——但眼下在俄国却并非正确的战略,因为眼下的对手是俄国,而不是普鲁士和奥地利。在俄国战役之初,进攻的确被认为是"真正的秘密"(ture Arcanum),是发动战争的圣中之圣,因为法国曾经在所到之处无往不胜,一直处于攻势。但克劳塞维茨却这样分析俄国战役:

> 任何透彻地思考这件事的人都会告诉自己,攻击是战争的较弱形式,防御是较强形式。但他也同样会看到,前者是主动

---

① Clausewitz, *Russian Campaign*, pp. 202 – 203 and 169.
② 同上,页169。
③ 同上,页167。

形式,即更大和更有决定性的形式,后者只是被动的目的;这就产生了一种平衡,让这两种形式彼此共存成为可能。①

克劳塞维茨对拿破仑的评价的这种变化在他晚期的一篇文章中尤为明显,在这篇文章中,他不再认为拿破仑战略中的无限暴力是天才的结果,而是视其为拿破仑在紧急情况下不得不采取的战略,表明了他身上的"赌博"趋向。法国和拿破仑意识到,自身的特殊环境使"碾压敌人"成为可能,这使拿破仑几乎在任何地方和任何情况下都做到毫无防守,进而形成了一种观念,即在此基础上制订作战计划并执行这些计划乃是一般性标准。但这就相当于拒绝对直到这一刻的整个战史进行总结,这样可能是愚蠢的。②

当然,有人必定会问,当克劳塞维茨从拿破仑的战役中总结成功战争的抽象的一般性指南,并因此使这些战役连接起有关战争作为一种工具的普遍价值的彼此之间极其冲突的观点时,为何会在某种程度上忽视那些历史条件。这也就解释了为什么那么多彼此有差异的人都崇拜克劳塞维茨——德国的将军们、列宁、希特勒、毛泽

---

① Clausewitz, *Der russische Feldzug von* 1812, Essen, 1984, p. 64, 原文为 "Wer die Sache gründlich durchdenkt, wird sich sagen, dass die Angriffsform die schwächere und die Verteidigungsform die stärkere im Krieg ist, dass aber die erstere die positiven, also die größern und entscheidendern, die letz – tere nur die negativen Zwecke hat, wodurch sich die Dinge ausgleichen und das Bestehen beider Formen nebeneinander erst möglich wird", 英译文为 Gerard Holden 译,简写为 Clausewitz, *Der russische Feldzug*。不幸的是,这篇文章在 Paret/Moran 版的《俄国战争》中并未收录,克劳塞维茨在《战争论》的第一章中用几乎相同的词语重复了这一有关进攻与防御的"辩证"关系的分析, pp. 83 – 84。

② Clausewitz, *Gedanken zur Abwehr*, in *Verstreutekleine Schriften*, pp. 493 – 527。关于这一点,参见页 497 – 498; Muenkler, *Gewalt und Ordnung*, Die instrumentelle Auffassung des Krieges und die Relativierung des Vorbildcharakters der napoleonischen Strategie, pp. 94 – 98,关于这一点,参见页 96。

东和美国战略家。在克劳塞维茨著作中的另一个问题似乎是,他不总是区分一般性的和特定历史条件下[30]的战争标准。① 也正是出于这个原因,他在对拿破仑的评价中观点的变化发展非常明显。克劳塞维茨对拿破仑的评价的内在张力可以在他有关俄国战役的最后定论中看出来:

> 再说一遍,所有的一切都是因为他大胆和果敢的性格;他的那些成功的战役,如果没有取胜的话,也将会遭到和这次战役一样的指责。②

克劳塞维茨认为,拿破仑指挥这场战役的方式和指挥其他战争一样。这是他成为欧洲主宰的方式,也是他取得成功的唯一方式。因此,任何崇拜早期战争中的拿破仑,视其为最伟大统帅的人不应该看不起现在的他。克劳塞维茨对拿破仑成就的积极评价,必须放在一个事实语境中看待,即俄国战役的过程中,拿破仑和他的军队没有在任何一次交火和战斗中真正失败:

> 在每一场战斗中,法国人都是胜利者;每一次他们都完成了不可能完成的任务——但当我们最后来估计时,法国军队已不复存在。③

克劳塞维茨继续赞美拿破仑的军事天才。与此同时,他也意识到,即便是这个天才,也不可能在所有情况下取得成功:

> 我们不能确定地预见,甚至也许不可能预见,俄国人会放弃莫斯科,烧毁这座城市,进行一场消耗战;但一旦这件事发

---

① Aron, *Den Krieg denken*, p. 211.
② Clausewitz, *Russian Campaign*, p. 204.
③ 同上,页179。

生,那么无论怎样做,战争必然受挫。①

克劳塞维茨后来的思想以及他转而否认拿破仑战略之模范性时的犹豫不决,反映了他两种态度之间的张力:一方面是继续赞赏拿破仑,另一方面则是洞察到战略不可避免的多变性和历史的特别性,这也正是造成这些失败的原因。实际上,克劳塞维茨(以及许多后世的德国人)一直处在拿破仑的阴影下,他从未意识到自己对军事天才的定义和拿破仑的天才之间的龃龉:拿破仑缺少一个政治家所需的高贵品质。②

根据克劳塞维茨的观点,从耶拿和拿破仑早期的成功中获得的战略在莫斯科第一次显示出其局限。耶拿之后,克劳塞维茨初步提出了有关战争的生存论的观念(an existential notion)。根据这一观念,政治主体的转型、军队的现代化和普鲁士的政治状况的有限改变,都被认为给可能成功[31]发动战争提供了条件。克劳塞维茨设想的发动战争的新方式以拿破仑的战例为模型,但正是在莫斯科,这种战争模型的局限得到了揭示。决定性的因素是,由于俄国截然不同的情况,拿破仑一直以来采用的成功战略在这里失灵了。

这对克劳塞维茨的理论产生了两个影响。首先,他认识到,拿破仑的策略并不适用于所有可以想象的情况,也不是通往普遍成功的通行证。其次,尽管他赞赏拿破仑,但他开始批评拿破仑在情况改变时仍坚持既定战略的做法,批评他试图使命运臣服于自身意志的做法。此前在克劳塞维茨看来纯粹属于拿破仑天才的举动,现在被他重新评价为轻率和疏忽。他承认,拿破仑试图击败和分散俄军并占领莫斯科的目标对一次战役来说是可行的,但要实现这一目标还需要其他条件:在俄罗斯有足够的兵力。但拿破仑忽略了这一

---

① Clausewitz, *Russian Campaign*, p. 202.
② Aron, *Den Krieg denken*, p. 208; Gerard Holden 从德文版翻译。

点,这"完全出于他典型的鲁莽与自大"。在莫斯科,当拿破仑需要20万人时却只有9万。如果他更多地关照军队,而不是如此损耗,这一点是可能的:倘若他不是"每次都不畏艰险",拿破仑本可能在战斗中损失少于3万人。①

莫斯科使克劳塞维茨面对和耶拿截然相反的战争经验。俄国战役最明显的教训是防御相对于进攻的优先性。一个不太明显的,但却为克劳塞维茨在其后期著作中得到充分发挥并且一再强调的教训,是政策相对于战争的首要地位。俄国战争可能不会取胜,但这场战争却可能会发生。通过这些话,克劳塞维茨使人注意到了战争的一个根本限制。在当时的情况下,俄国在军事上是不可能被打败的,任何可以想见的战略都奈何不了它,即便是拿破仑也做不到。的确,克劳塞维茨在后来反复回到有关在什么条件下俄国人可以被打败这一主题上来(特别是在《战争论》的第八篇中)。但这些思考的产生仿佛出于普鲁士和俄国战争的可能性以及有关普鲁士取得成功的前景的思考,而不是出于克劳塞维茨考虑到军事上可能存在的局限,而产生的关于政治之于战争的重要性[32]的新的思想变化。尽管普鲁士的兵败已经显示出军事力量相对于"没有充分武装起来的理想"和以外交形式出现的政治的优先性,但是莫斯科发生的事,也使试图通过军事手段实现政治目标的局限性变得清晰起来。正是对这一拿破仑战略的内在局限的经验,克劳塞维茨才能发展出其理论的一种新的基本观念,也就是政策相对于战争的首要地位。

---

① 本段中所有参考文献和引用参见 Clausewitz, *Russian Campaign*, p. 202。

三 滑铁卢:不仅是最后一战

克劳塞维茨在研究 1815 年战役时,将滑铁卢之战与耶拿战役置于同等位置,作为大规模彻底摧毁一支军队的例子(滑铁卢之战在德国以 Belle‑Allance[美好联盟]之战著称)。① "耶拿和美好联盟之战表明,如果要与在力量上占优势的敌人决战到底,任何常规形式的撤退都不可能。"(272)但这一次,被打败的不是普鲁士军队,而是拿破仑本人,是耶拿之战的那个胜利者和人格化的战神。这次也一样,世界的观念崩塌了——也就是对拿破仑的军事天才的无条件信仰崩塌了。"因此,人民对于领导他们的智慧头脑的信任,与被认为保卫法国边疆的军事体系一道崩塌了。"克劳塞维茨强调,没有哪次胜利产生了较滑铁卢之战更多的精神力量,这种精神力量直接导致了拿破仑的退位。②

对克劳塞维茨从拿破仑的胜利中得到的经验而言,在滑铁卢的全面和最后的战败有何意义?并且,拿破仑的失败,对克劳塞维茨总结耶拿战役的经验——这些总结关于克劳塞维茨对战争、暴力的扩张、进攻的优先性,以及军事力量相对于公民政治的优先性的生存主义理解——有何影响?

克劳塞维茨认为,耶拿战役之后,不同的军队都以相似方式

---

① Clausewitz, Feldzug von 1815, in *Schriften II*, pp. 936‑1118;在接下来的部分中,我引用了关于这个文本的一份(未出版的)译文,参见 Moran, Daniel: Clausewitz, *Carl von The Campaign of 1815. Strategic Overview*. Translated and edited by Daniel Moran, unpublished manuscript, Monterey 2005; cited as Clausewitz, *The Campaign of 1815*。

② Clausewitz, *The Campaign of* 1815, p. 89; Clausewitz, *Schriften II*, pp. 1087‑1088.

发动了战争。在"当下的文明国家的战争"中,不论是在军队之间,还是在战争行为之间,已不再有大的区别,因此,它们在数量上的差异较之以往更具有决定性。① 克劳塞维茨对于发动战争的方式之间越来越多的相似性的分析,甚至延伸到对拿破仑的批评[33]中,因为拿破仑在追击普鲁士军队时没有充分信守自己的原则。他还赞扬布吕歇尔和格奈泽瑙对法军的追击,认为这是拿破仑发动战争的原初方式的真实呈现。② 总的来说,克劳塞维茨以同等方式既批评拿破仑又为他辩解。但有一个例外。他是从根据政治环境解释拿破仑的战败开始的,后来转而分析拿破仑犯的根本性错误。这就导致了克劳塞维茨理论的一次决定性修订。

国内外政治环境的重要性

根据克劳塞维茨的分析,双方发动战争的方式越来越相似,意味着其他非军事因素能在战争行动中发挥更大影响。他认为,导致拿破仑战败的最重要因素是法国内外的政治环境,它们提前决定了整个战役和滑铁卢之战的结果。按照对外政策的话讲,法军面对的——比如在莱比锡之战中——是欧洲顶级强国组成的联盟。此外,由于国内政治环境,拿破仑没有安排好任何事情,比如他后来(在回忆录中)声称自己曾拥有的那些资源,而只能依靠早前战役中的老兵。③

因为老兵组成的军队颇有战斗经验,拿破仑比布吕歇尔的普军

---

① Clausewitz, *The Campaign of 1815* p. 11; Clausewitz, *Schriften II*, p. 961.
② 同上,页 83 – 86; Clausewitz, *Schriften II*, pp. 1076 – 1081;关于布吕歇尔的追击和格奈泽瑙的贡献,参见 Clausewitz, *Campaign of* 1815, pp. 81 – 83; Clausewitz, *Schriften II*, pp. 1072ff.
③ 同上,页 8 – 9; Clausewitz, *Schriften II*, pp. 956 – 958.

和威灵顿领导的英军有一些优势,后两者都包含部分没有经验的民兵军团。① 但这种优势无法弥补法国军队相比盟军的明显劣势,这是法国国内政治软弱的后果。克劳塞维茨甚至进而接受拿破仑本人的观点,认为出于国内政治的原因,防御作战是不可能的,对他来说,唯一的行动路线是在法国领土外发起进攻。②

军事方面的结果也提前被外交政策的相关方面决定了。在拿破仑早期的胜利中,他面对的都是单个国家,他可以一个接一个打败它们;但现在,法国正遭受由英国、普鲁士、奥地利、俄国组成的[34]联军的攻击。这些国家的军队尚未全部聚集,但用军事上的话讲,滑铁卢之战是由共同对抗拿破仑的英国和普鲁士军队的数量优势决定的。决定战场上双方力量平衡的是外部政治条件,因此在双方用相似方式进行战争的情况下,这就在结构方面提前决定了滑铁卢之战的结果。

克劳塞维茨在总结的开篇处强调战斗带来的后果。然后,他直接阐明自己有关政策相对于战争发动的一般意义上的优先性的观点,这一观点出现在《战争论》第八篇和第一章中。他认为,拿破仑之所以在1815年彻底失败,原因在于政治因素的影响,这一政治因素或多或少地出现在所有战争中,但对这场战争有更强烈的影响,并且被证明在极大程度上造成了拿破仑的劣势。克劳塞维茨的结论是,战争绝不能被视为一种独立现象;它只是政治交往的一种修正,是一种追求政治利益的方式,一种"通过战斗"实施政治计划的

---

① 克劳塞维茨认为拿破仑在里格尼的胜利(这一战役发生在滑铁卢战争之前),是因为法国老兵多年的作战经验。参见 Clausewitz, *The Campaign of 1815*, pp. 44–45; Clausewitz, *Schriften II*, p. 1014。

② Clausewitz, *The Campaign of 1815*, pp. 8–9; Clausewitz, *Schriften II*, pp. 956–958.

方式。① 据我所知,克劳塞维茨首次以这种突出的方式强调政治的优先性是在他对1815年战役和对拿破仑在滑铁卢的最后战败的分析中。

拿破仑的错误:他无力将战败控制在一定范围内

然而,在克劳塞维茨看来,不利的政治情况,以及双方的军事能力已经到了彼此相似的程度这一事实,并非拿破仑走向彻底失败的唯一原因。拿破仑还犯了一个造成严重后果的错误。克劳塞维茨批评了拿破仑的计划和他采取的措施的个别性方面,但也同时捍卫了它们的基本特征,之后,克劳塞维茨提出了他的批评中的关键点:在战斗结果已定、一切尽失的情况下,拿破仑却选择继续战斗。

他用尽了最后的储备,绝望地试图扭转战局,这样做导致了他的整个军队被摧毁:"这可能是拿破仑从未犯过的大错误。"② 在明显不再有任何胜算之后,[35]拿破仑有责任使用他的部分储备军对抗普鲁士军队;这本来能使法国主力军队获得撤退的空间,如果其余部分储备军占领那些区域,撤退本可以很快展开。

> 战斗失败了,也许真正的战败已经不可避免,但对于波拿巴来说随后如何处置,将会产生天壤之别,是被一个优势对手打败后,带着仍勇敢作战、不可战胜的残余部队离开战场,还是像一个真正的逃犯一样回家,背负着毁灭全部军队并把他们留在困境中的耻辱。③

---

① Clausewitz, *The Campaign of* 1815, p. 87; Clausewitz, *Schriften II*, pp. 1085–1086.

② Clausewitz, *The Campaign of* 1815, p. 80; Clausewitz, *Schriften II*, p. 1070.

③ 同上,页80;Clausewitz, *Schriften II*, p. 1070。

为了获得一场不再可能的胜利,拿破仑牺牲了他的后备军,也因此他就无法掩护自己撤退。这使普鲁士人在法军撤退的第二天晚上追击并消灭他们。拿破仑的战争行动的成功法则现在被他的对手们所用,而他却没有足够的洞察力,没能在他的算计中考虑到这一可能性,并做好准备进行应对。

拿破仑不仅仅输了一场战斗,他失去的是整支军队,他像乞丐一样回到巴黎,没有任何进一步的权力资源。克劳塞维茨继续说,面对朝向劣势的偏转,一个指挥官谨慎地撤军,这样做是打不赢很多战斗的,大多数胜利都是因为坚韧不拔和聚集军队最后的力量取得的。但即便如此,他写道,批评家有权要求指挥官不应追求不可能之事,"并且,为了这一不可能的事情而牺牲可以在其他地方发挥更好作用的兵力"。①

抛开这些对拿破仑的批评在历史方面是否有道理,以及拿破仑是否真的可以采取别的行动方案(对此只能给出推测性的回答)的问题,在此只有一个方面对战争的政治理论具有决定性的重要意义。克劳塞维茨对拿破仑的批评的核心是拿破仑未能将军事战败控制在一定范围之内,由于固守无限暴力和不惜代价只求决胜的战略,拿破仑毁掉了整支军队,也毁了自己。在克劳塞维茨看来,正是完全相同的军事战略,完全相同的行动,一直以来是拿破仑取得胜利和政治成功的基础,而今却导致了他的倒台。克劳塞维茨评价在滑铁卢之战最后时刻的拿破仑[36]是"绝望的赌徒,对一切理性的计算都不以为然"。②

我们是否可以批判一个类似于拿破仑这样的人,这个人的一切

---

① Clausewitz, *The Campaign of 1815* 读到这些分析时,我们应想到,法军的毁灭和解体严格意义上讲仅是布吕歇尔的追击导致的。

② Clausewitz, *The Campaign of 1815*, p. 61; Clausewitz, *Schriften II*, p. 1040.

成功都归功于一个特定的战略,我们批判他直到生命结束都仍然在坚持这个战略,思考这个问题并没有意义。但克劳塞维茨为他的战争的政治理论做出的根本结论是,战争不仅应该出于工具性意图而发动,也应有所限制。

很显然,在滑铁卢之后,克劳塞维茨,这位之前大战和决战的支持者,采取了一种更经得起推敲的观点。他继续指出,摧毁敌军在战争中一直都处于主要的优先地位,也是发动战争最有效的方式,必须先于任何其他方法。然而,在这里决定性的表达却是:摧毁敌军这一极高的价值"应该与成本和危险保持平衡"(97),寻求一场大战和决战的危险在于,"我们越想消灭敌军,那么一旦失败,我们遭受的损伤就越大"(97)。如果在一场战斗中消灭敌军的尝试失败,克劳塞维茨在此发现了自我毁灭的危险。

四 克劳塞维茨政治理论中的耶拿、莫斯科和滑铁卢

毫无疑问,耶拿和奥尔施塔特对克劳塞维茨来说是最重要的事件:它们展示了相对于认为机动和作战拥有同等地位的既有观念,发动暴力、进攻、决战战略的优势,也展示了军事实力相对于政策的优势。紧随这些变化而来的是,克劳塞维茨提出了战争的生存主义建构,根据这一建构,国家作为发动战争的角色应该被民族和人民取代,就像在法国发生的那样。克劳塞维茨思想中的根本变化始于莫斯科。防御相对于进攻的优先性、避免决战的军事价值以及他认识到通过军事行动可能取得的结果的固有局限,至少表明了政策应该被赋予优先于军事目标的地位。滑铁卢紧接着展现了在双方[37]用相似方式发动战争的情况下政策的优先性,与此同时,也展现了拿破仑无限制地使用暴力战略的消极方面,这个方面——现在可以被认为——导致了自我毁灭。

一旦克劳塞维茨从这场战斗中得出拿破仑本应尝试将战败控制在一定限度内的结论，便不难采取下一步，开始将限制战争的战略视为丝毫不亚于拿破仑最大化武力的战略。我们看到，与克劳塞维茨在莫斯科之战，甚至是滑铁卢之后得出的结论相关，他对拿破仑仍然保持一种既崇拜又批判的混合态度。在《战争论》第八篇克劳塞维茨使用的战争概念中，仍然可以发现他对拿破仑这种矛盾的评价，在这里，他谈到了作为一种理想的绝对战争和真实战争之间的对立(579-581)。

因此我们可以识别出克劳塞维茨理论中的四个根本性的对立，这些对立都是基于他的战争活动的经历和观察，可以在他有关耶拿、莫斯科和滑铁卢之战的分析中发现，它们是：扩大或限制暴力，对战争的生存主义的理解和工具主义的理解，军事实力或者政策的优先性，进攻的优先性和防御的优先性。当然，我们必须分清耶拿、莫斯科和滑铁卢作为历史事件的时间顺序和克劳塞维茨对这些事件的解读。1806年的耶拿之战，1812年在莫斯科拿破仑战争的转折点，1815年拿破仑在滑铁卢的最后一战，在这些时期克劳塞维茨自己也积极地在军队服役，几乎没有时间研究战争理论。对耶拿之战的解读可以从他当时的信件中拼凑出来，其核心内容可以从《战争论》的靠前部分——第三篇论战略和第四篇论交战以及从他后来的分析中，"从对于普鲁士巨大悲剧的观察中"获得(1823-1825)。① 另一方面，对莫斯科和滑铁卢之战的解读可以在克劳塞维茨后来的著作中找到。

如前所述，1823年和1824年间，克劳塞维茨再一次投身于分析

---

① Clausewitz, *From Observations on Prussia in Her Great Catastrophe*, in Peter Paretand Daniel Moran (eds.), *Carl von Clausewitz. Historical and Political Writings*. Princeton University Press: Princeton, NJ, 1992, pp. 30-84; cited as Paret/Moran, *Clausewitz. Historical and Political Writings*.

耶拿的灾难。1824年到1825年之间他撰写了有关俄国战役的历史。1827年到1828年,他撰写了1815年的战役史和滑铁卢的决战。极有可能,在克劳塞维茨1827年到1830年之间的著作中发生的理论转变与[38]对这三场战役的分析有直接关联,因为对战争的这些分析是在1823年到1827年间进行的,并因此,直接先于这一理论转向,并且与之相伴随。克劳塞维茨想要修正他的作品,这一点在他1827年7月的笔记中曾宣布过,这一想法与刚刚提到的两点直接相关——政治相对于战争的优先性以及克劳塞维茨对拿破仑式战争示范功能的看法的改变,因为对待两种战争形式(一种是使敌人完全失去战斗力,一种是有限战争)的讨论把二者放在了一起,赋予它们同等地位(69–70)。

耶拿、莫斯科和滑铁卢决定了《战争论》的不同阶段。第三篇和第四篇论战略和交战,特别是第四篇关于战斗的章节,属于耶拿阶段。第六篇完全以防御的优越性观点为主导,这是克劳塞维茨对莫斯科之战的反思的特点。而第八篇则试图在滑铁卢之战后展示,战争的扩展和限制是享有同等地位的原则。在结束对以耶拿、莫斯科和滑铁卢为代表的三场战役的分析之后,克劳塞维茨开始基于他获得的洞见修订他的整个著作。耶拿、莫斯科和滑铁卢象征着克劳塞维茨战争的政治理论的那些对立,他对这些问题的根本思考可以在第一章中找到,在这一章中克劳塞维茨提出了他对多元的战争经历的综合,并使这些经验中的对立成为他的战争理论的构成性基础。

第二章 暴力、恐惧和权力:战争的扩展与限制

> 正是克劳塞维茨的矛盾心理,那种互不兼容的假设在一个思想整体内彼此融合的方式使他如此迷人,让他的思想如此有吸引力,也使我们确定,他曾进行过非常细致的观察,并且并未令他的观察固化为一种模式,以使这些观察符合一种特定的世界观。
>
> 诺伊特尔①

[39]按照克劳塞维茨的观点,战争的"三种走向极端的相互作用"是造成战争升级和扩展的最重要因素。他在论述其中之一时这样说:"战争是武力行动,使用这种武力没有逻辑限制。"(77)克劳塞维茨有关走向极端的相互作用的论述为如下假设提供了基础,这就是,他是毁灭战理论的支持者,也是总体战理念的先驱。由于三种相互作用可以在《战争论》第一篇第一章中找到,而这又的确是克劳塞维茨后来认为唯一完成的一章,因此就出现了如何解释的问题。

在本书前一章中,我说过只有耶拿战役时期的克劳塞维茨倡导进行逐步升级的战争,以此来回应他的批评者,但这似乎与出现在最后写成的第一章中的三种走向极端的相互作用的事实矛盾。但第一章必须被视为克劳塞维茨将耶拿、莫斯科和滑铁卢的对立结合

---

① Wilfried von Bredow and Thomas Noetzel, *Lehren des Abgrunds. Politi – sche Theorie für das 19. Jahrhundert*, Part 1, Münster, 1991, p.83; Gerard Holden 译。

起来的尝试。由此可以得出,作为战争扩展之象征的耶拿之战,在第一章中有其位置,但它并不是作为整体的战争的典型特征。

在解读克劳塞维茨过程中,有一些额外的要点常常被我们忽略。首先,走向极端的[40]相互作用只适用于战争的目的,而不适用于作为整体的战争。第二,这些走向升级的相互作用是与趋向于限制战争的三种相互作用对立的,而后者几乎没有人考虑过。① 第三,无论最初印象可能会暗示我们什么,战争的定义绝不是由三种走向极端的相互作用决定的。过去是试图解释战争扩展和升级"到极端"的倾向只与克劳塞维茨的战争定义有关,以此回应他的批评者的论断。但这种做法造成的问题比解决的问题还要多。此外,必须注意一个决定性的问题,这就是,在第一章结尾,克劳塞维茨同样将三位一体描述为他的战争概念(89)。在本章中,我不将三种走向极端的相互作用视作一种战争的概念;相反,我最初的分析,是将它们作为描述战争发展过程中的真实问题和趋势。

一 走向极端的相互作用作为超越敌人的企图

在第一个走向极端的相互作用中,克劳塞维茨认为,那个使用"不受流血牺牲遏制的"暴力的人,如果敌人不采取同样方式的话(75-76),将会在战争中取胜。在这段话中,克劳塞维茨反思的是法国大革命和拿破仑战争的升级,以及在西班牙的游击战中进一步尝试超越这种武力使用的情况。

在他的"政治宣言"中,克劳塞维茨部分赞成将无节制的暴力战略作为游击战争中实现目的的手段。这个论断的出发点是这样

---

① 据我所知,这是唯一的例外,这就是 Muenkler 的 *Gewalt und Ordnung* 一书。

一个问题:如果使用正规军队作战的一方对待叛乱的犯人非常残酷,以至于人民没有足够的勇气继续战争,那么会发生什么?作为对保留这种形式的战争的回应,他说:"很明显,我们可以和敌人同样残酷。"这类战争的残酷性不利于使用较少人员作战的一方,即使用常备军作战的一方,并因此,不能有效利用全体人民。克劳塞维茨继续说:"让我们抓住机会,用残酷报复残酷,用更多的暴力回应暴力行为!这样[41]更容易战胜敌人,引领他们走回温和与人性之路。"①

在此适用于游击战争这一具体情况的克敌制胜的概念(the concept of outdoing the enemy),在克劳塞维茨后期的作品中占据了核心地位。他将胜出(outdoing)和相互作用(interaction)这两个词用作同义词:"因此,相互作用、战胜敌人的努力、暴力的和强迫性的战争,都因缺乏真正的动机而停滞。"(604)这种在使用武力的过程中战胜敌人的尝试对战争升级战略来说意味着什么呢?

克劳塞维茨关于克敌制胜的论述特别有启发意义,它表明了他的著作中存在的紧张和矛盾。首先,它们揭示了理论家克劳塞维茨离真实事件有多远,这一点我们在后面还将清楚地看到。克劳塞维茨认为有一种趋向,这就是使用极端武力会带来较事实本身更大的危险。针对西班牙的游击战争——这是他倡导的普鲁士人争取解放的斗争模范之一——他声称,即便在西班牙,"事情也没有想象的那样可怕"。② 事实上,戈雅(Francisco Goya)的绘画作品《游击队的灾难》(Desastres de la guerra)和他有关1808—1814年法西战争期

---

① Clausewitz, *Schriften I*, pp. 733 - 734. 这两处德文原文为:"als ob wir nicht so gut grausam seyn könnten als der Feind"和"Lassen wir es darauf ankommen Grausamkeit mit Grausamkeit zu bezahlen, Gewaltthat mit Gewaltthat zu erwiedern! Es wird uns ein leichtes seyn den Feind zu überbieten, und ihn in die Schranken der Mäßigung und Menschlichkeit zurückzuführen",英文为 Gerard Holden 译。

② 同上:"事件非常严重,正如人们想象的那样。"Gerard Holden 翻译。

间处死反叛者的油画证明了,在这场冲突中,武力的使用完全没有节制,这就表明,克劳塞维茨轻视这类战争的残酷性不过是在说谎。①

然而,克劳塞维茨也明确持有一种对使用武力的工具性理解,甚至视其为恢复有限的、规范的、职业化的发动战争的方式的一种途径。他这种恢复常规形式战争的论述基于以下建议,即在首次采取暴力行动之后,对立双方都将被迫用与针对常规作战部队的相同方式对待游击队和起义者。在这段话中,克劳塞维茨最关注的似乎是,承认普鲁士民兵在解放战争中是与正规部队平等的伙伴。他的观点是,类似于发生在西班牙的这种最严重的无限战争,如果普鲁士政府通过它的权威为每一个武装起来的普鲁士人提供保护,就可以避免。在他看来,如果普鲁士政府威胁要对那些光荣的捍卫者犯下的每一次暴行进行报复,武力的升级就可以得到限制。②

[42]克劳塞维茨有关无限战争的看法有三个主要方面,它们在一定程度上相互矛盾:

> 1. 作为一个纯粹的理论家,克劳塞维茨低估了正规部队和非正规部队之间战争的凶猛,并且,低估了极端暴力的道德意义和这种战争对政治和社会的影响。③
>
> 2. 战争升级虽然被用作一种成功发动战争的方式,但由于强调在军事上的成功而受到限制。对克劳塞维茨来说,战争的升级本身不是目的,而是为了战争胜利的目的而使用的一种合理方法。然而,如果拿破仑式的战争,和任何理论上逐步升级战略的极端暴力行为,能大体上被超越和提升到更高程度,它

---

① Francisco Goya, *Sämtliche Radierungen und Lithographien*, Vienna, 1961.
② Clausewitz, *Schriften I*, p. 734.
③ Muenkler, *Gewalt und Ordnung*, Partisanen der Tradition 一章。

就不再是发动战争的一种有效方式。在耶拿之后,克劳塞维茨视战争升级为成功发动战争的一种方式,但是在莫斯科和西班牙游击战中,显然这样的极端主义也能被超越,并不能确保军事上的胜利。斯蒂芬(Cora Stephan)提出了一个相似观点,她认为,在一种受到严格规范的战争文化中,例如在18世纪存在的战争文化中,谁打破规则,谁就一直拥有属于侵略者的优势。然而,每个人都将以一种陷入无尽的暴力循环的形式付出代价。① 一方可以使这一点更加突出,因为对拿破仑来说,导致战争升级的一方最终损失最惨重,原因是对方将如法炮制,还能加大赌注。相同的情况在第一次和第二次世界大战中都出现过:每一次都是德国首先升级战争,却每一次都损失最为惨重。

3. 通过游击战战胜敌人,对克劳塞维茨来说,是一种"自相矛盾的"方式,它使战争回归到受习俗、职业化和互相尊重等制约的有限形式中。

克劳塞维茨从西班牙游击战得出的结论是混合的。他谈到总体战争,谈到克制敌人对武力的使用是在游击战中打击正规军队的一种方式。但与此同时,[43]这样也可能会带来截然相反的结果,让战争回到其有限的和仪式化的(ritualized)形式中。

然而,这种克制早期战争升级的理念指的不仅是使用武力本身。法国大革命期间的"全民动员"宣言使战争成为"人民的事务",并且,如克劳塞维茨所说,"现在可用的资源和力量超越了所有传统的限制"(592)。通过革命性地动员整个民族实现战争的扩展,军事专业人员和普通公民的区分得以消除。从1793年开始,战争突然变成了人民的事情,成了3000万民众的事情,他们都认为自

---

① Cora Stephan, *Das Handwerk des Krieges*, Rowohlt:Berlin,1998, p.156.

己是公民。但强迫全民族参战并未消除作战部队和平民的区分。但正是这一区分在游击战中丧失了它的重要性,无论男女老少,每个人都是这种形式的战争的潜在参与者。

但另一个被"克制"的对象是对发动战争的主体施加的政治约束。尽管法国大革命消除了个人性的主权者及贵族派系,将人民和民族推上前台,但战争仍由国家发起。相反,在西班牙游击斗争中,国家是次要的。在这种情况下,不存在任何统一的政治主体,只有农民游击队的分散性抵抗,它们的致害性源自无组织的自发性和残酷性。西班牙农民游击队员"获得"胜利的斗争,好比是正式的政治共同体之间的斗争,并且,至少将其在某方面转换为了使传统文化和社会生活形式得到承认而进行的斗争。

总体上看,如果法国大革命和拿破仑在战争和武力方面的宣泄能够被西班牙游击战争以及俄军发动的毁灭战的那种自然产生的残酷克制,那么对于后期的克劳塞维茨来讲,战争的扩张就不再是一种可以在任何时候都能利用的方式。游击战争无节制的暴力并不能轻易地被加以工具化。

在三种走向极端的相互作用中,克劳塞维茨提出了克制敌人的企图产生的最终结果。如果和 18 世纪早期的战争相比,法国大革命的革命者和"战神"[44]拿破仑发动战争方式的显著特点是暴力的极端化,但后者仍然不是完全、绝对无限的。首先,它在游击战争和俄军对抗法军的毁灭战中遭到克制。在那时,没有人能想到两次世界大战的灾难,也没有人能想到纳粹对犹太人的屠杀或核时代的过度杀伤力。但克劳塞维茨自身的决定性战争经验使他意识到,当战争扩展到一定的程度,就可能再度遭到克制。正是在对走向极端的相互作用的讨论中,克劳塞维茨提出了这一特定的问题,事实上,战争升级总是会遭到敌人的抵制,并且,总体上看会上升到观念上的一个极端且绝对的点(77)。

克劳塞维茨用较少篇幅总结了三种走向极端的相互作用,

但并未对这一相互克制如何实现给出一个完整解释。这就是为何他的评论家们经常会提及概念与现实的对立的原因,克劳塞维茨在随后一节中处理了这一问题。因此,似乎他将走向极端的战争升级视为某种限定在概念范畴中的东西。但他真正的意思是什么?显然,在这段话中,对克劳塞维茨来说,极端是观念上的顶点。三种走向极端的相互作用是对战事升级可以再度被超越的方式的一种澄清。这种克敌制胜的过程与克劳塞维茨所处的世界及当时的战争一致。但在另一方面,作为不受限制的战争的逻辑结果,极端是纯粹观念性的和抽象的。更具决定性的范畴是被克劳塞维茨视为克敌制胜过程的驱动力——暴力、恐惧和对权力的争夺。

二 三种走向极端的相互作用的意图、目的和手段

克劳塞维茨用一个由三部分组成的定义作为他修订后的第一章的开头:"战争因此是一种武力行为,迫使敌人屈从于我们的意志。"武力是把自己的意志施加给敌人的手段,这就是战争的(政治)意图;[45]军事行动的现实目标是解除敌人的武装。紧接着战争的这个定义,克劳塞维茨引入了三种走向极端的相互作用:第一是"最大限度使用武力",第二是"解除"敌人武装,第三是"用尽最大力量"(75-77)。由于三种走向极端的相互作用紧随战争的定义而来,人们就可能会得出结论说,克劳塞维茨在此试图展示他的由三部分构成的定义作为整体产生的结果。但事实并非如此。

三种走向极端的相互作用排他性地指向战争的目标、解除敌人武装和战胜(或者摧毁)敌人。在三种走向极端的相互作用中,(军事)目的代替了(政治)意图。我们可以说它将意图推到了背后,使其成为某种不属于战争本身的部分(75)。在三种走向极端的相互

作用中，克劳塞维茨把战胜敌人视为军事行动的目的。当他对曾经在第二节所遗忘的主题，即战争的政治意图，不得不加以考虑时，他就使这一方法论上的限制变得清晰（80）。如果他在考虑的这个阶段忘记了政治意图，那么很清楚，政治意图在三种走向极端的相互作用中也不起任何作用。

在对第二种相互作用进行阐释的时候，克劳塞维茨说："只要我还没有打倒我的对手，我就必定担心他可能会打倒我。"在发动战争者身上发生的最糟糕的事情，就是他发现自己处在一种完全无法自我防卫的情形中。解除敌人的武装或战胜敌人，无论人们怎么称呼它，始终是战争行动的目标。在第三种走向极端的相互作用中，克劳塞维茨也使用了有关战胜敌人的论证："如果你想要战胜你的对手，你就必须做出足够的努力应对他的抵抗。"（77）对克劳塞维茨来说，"战胜"敌人是战争的目的。

在三种走向极端的相互作用中，克劳塞维茨专门提出了战争行为的目标问题。然而，这种目标在最初由意图、目的和手段三个部分构成的定义的基础上产生了进一步的区分。在第一种相互作用中，在与（作为战争手段的）武力使用产生的结果的关系中，克劳塞维茨考察了克敌制胜。在第三种相互作用中，敌人意志的力量和战斗的动机被置于有关克敌制胜诸结果的讨论核心。

[46]在第一种和第三种相互作用中，"武力"作为手段、"将自己的意志施加在敌人身上"作为战争的政治意图，都被视为克敌制胜和解除敌人武装的次要方面，即战争行为目标的次要方面。那么，关于第二种走向极端的相互作用可以说些什么呢？这一相互作用在其纯粹性和它的内部区分中考察了克敌制胜本身。克劳塞维茨是通过指出解除敌人的武装是战争行为目标，从而开始阐述第二种相互作用的，他进而指出，他希望向我们展示，这一点是必要的，至少是理论论证的一部分（77）。

在克劳塞维茨的三种走向极端的相互作用中，这个最初由三部分构成的定义的每一部分都得到了讨论,但在任何一种情况下,战争行为的目的都处于首要地位。在所有这三种相互作用中,走向极端的和走向战争的绝对顶点的激烈程度源于双方试图战胜对方,并解除对方武装的势头。这就意味着,战争的极端顶点,就其在对于三种相互作用的阐释中得到的讨论而言,并非从最初定义的总体性中得出来,而仅从对于它的三种要素之一——目的——的单独讨论中得出来。

三 走向极端的相互作用
——暴力/武力、战斗和意志[①]

第一种相互作用:"最大限度使用武力"

在第一种相互作用中,克劳塞维茨认为,在这里对使用武力没有限制,因此每一方"都会迫使对方效仿",从而把对方推向极端,无限制地使用武力(76)。对战双方在战争中的互相升级就会到达一个顶点。"一方会迫使另一方效仿;每一方都会推动对手走向极端,唯一的限制因素就是战争本身固有的平衡力。"(76)内部制衡对走向无限的趋向施加的限制早在费希特的知识学著作中就可以找到。[②]

我们该如何理解克劳塞维茨"在使用武力方面不存在限制"这

---

① 德语 Gewalt 译成英语可译为"武力"(force)或"暴力"(violence)。但在某些情况下,这个德文词同样可以表明一个不能确定地使用上述词语来翻译的意义领域。在这些情形下,我们就通过使用"暴力/武力"的译法来标识。

② 1809 年,克劳塞维茨给费希特写了一封信,讨论费希特有关马基雅维里的论文:克劳塞维茨,"给费希特的信",载于 Paret/Moran, *Clausewitz Political and Historical Writings*, pp. 280–284; Engfer, Hans Juergen, *Triebtheorie und Dialektik in Schillers Briefen über die 'ästhetische Erziehung des Menschen*, 载于 Becker, Werner and Essler, Wilhelm, K. 主编, *Konzepte der Dialektik*, Frankfurt, 1981, pp. 30–41.

一论述？这当然不是说在道德意义上的理解，因为克劳塞维茨从来没有[47]在道德层面讨论支持或者反对武力和战争。但他无法证实任何抽象的无限制的武力，亦未为此举例；相反，他所做的是，在他有关胜败的单独讨论中来考察武力升级。如果我们更仔细地审视这一论证，就会发现它还不是定论。为何武力升级或通过不受限制的武力走向极端的激烈程度，会出自交战双方打败对方的纯粹欲望？如果双方都做了同样的事情，那就不一定意味着每一方都想要运用武力战胜对方。

也有可能得出完全不同的结论：其中一方有可能放弃目标。由此也可以导致一种相互作用，但它将会导致降级而非升级。在讨论了走向极端的相互作用之后，克劳塞维茨在事实上考察了抑制这种导致升级的趋向的三个方面，它们可以被理解为"走向有限战争的相互作用"（穆克勒）。在其中的一个方面，他认为，任何一方因为自身的弱点而可能不去做的行动，对另一方都会是减少其努力的一个真实的、客观的原因，并因此，走向极端的努力就通过这种相互作用回归到一个特定的、更有限的水平（80）。这就意味着，并不能从相互作用本身的过程中推出走向极端的强度。

然而，克劳塞维茨有关不存在针对武力的限制的论证，只能通过如下假设而获得支持，即暴力本身包含着对抑制的消除。的确，不论在最初的三部分构成的定义中，还是在那个著名的公式（亦即战争是政治通过其他手段的延续）中，克劳塞维茨有关战争中使用武力的基本理解是工具性的。然而，在第一种走向极端的相互作用中，他注意到，使用武力本身包含着消除限制。双方斗争的两极性和破坏的原则相结合，连同使用武力消除抑制的效果，导致了战争中的一个现实趋向：一种走向极端和无限制的武力的强度。

通过武力实现抑制，通过暴力突破个人和社会的限制，不仅在最近的时代，在许多情况下都有记载。两百年前，康德抓住了逐步升级的战争的这个方面，写道："战争的糟糕在于，它创造的恶人比消灭的恶人还要多。"①当人们考察内战中儿童兵的命运时,便可以非常清晰地看到极端暴力行为的负面影响,[48]这一影响对个人和对社会来说都存在。索夫斯基(Wolfgang Sofsky)为暴力解除对人的抑制的方式做出了一个令人印象深刻的说明。他的例子展示了推动人们行动的激情的暴力,展示了生存的胜利,展示了侵犯个人有限身份的主权,展示了自我解放的欲望:

> 暴力强化暴力。绝对暴力不需要理由……它的唯一目的就是自身的延续和加强……它不再遵守创造生产的法则、创制(poiesis)的法则。它是纯粹的实践(praxis),是为暴力而暴力。②

人们可以通过战争中的武力追寻到这种对抑制的解除,尤其是在两次世界大战及其之间的时期。在此期间有大量涉及战争和死亡的文学作品。这些作品之所以还有读者,是因为幸存者无力找到和平。这种死亡崇拜是"一种被遗弃的感觉"、失望和在战争中"迷失自我"的结果,在战争中文明抵御野蛮的防线被摧毁,对武力的容忍和使用不再有任何限制。③

---

① 一份联合国报告记录了战争对儿童的影响,儿童是战争的受害者,他们不仅遭受也使用暴力,Marcel Graca, *The Impact of Armed Conflicts on Children*, New York,1997。Muenkler 在 *Gewalt und Ordnung*,页 56-57 中引用了康德:"战争的糟糕在于,它创造的恶人比消灭的恶人还要多(Der Krieg ist darin schlimm, dass er mehr böse Leute macht als er deren wegnimmt)。"

② 创制(Poiesis)的意义在这一过程之外,而实践(praxis)——在亚里士多德的定义基础上,在行动自身中发现了它的意义。Sofsky, *Traktat*, pp.62,53.

③ Gerhard Hirschfeld 等编, *Keiner fühlt sich hier als Mensch...*, in *Erlebnis und Wirkung des ersten Weltkrieges*, Essen 1993; Michael Geyer, *Eine Kriegsgeschichte, die vom Tod spricht*, in Lüdtke Alf and Linden-berger, Thomas 编, *Physische Gewalt*, Frankfurt 1995, p.160。

第二种相互作用:"目的是解除敌人的武装"

在第二种走向极端的相互作用中,克劳塞维茨将注意力转移到交战双方在零和博弈(zero-sum game)中的对立问题上:一方获胜,另一方就失败。战争升级的主要原因不是想要消灭敌人,而是避免自身被消灭。只要一方未被击溃,另一方就必定担心自己被击溃、打败和消灭。从这个角度来看,只有摧毁敌人才能防止自己被摧毁。在第二种走向极端的相互作用中,在战胜敌人之前担心自己被消灭,导致了战争无限升级(77)。对自身死亡的恐惧和担忧可能会导致各种形式的暴力,它们的目的都是自我保存。我们通常可以假定,对自身死亡的恐惧和担忧会导致战争中的谨慎和更大程度的克制。但在第二种相互作用中,克劳塞维茨描述了自我保存的欲望[49]如何产生了相反效果,它导致了战争的激化,使双方都试图战胜敌人。①

为了自我保存,战争激化到极端的一个层次是单兵作战。对自身死亡的无限恐惧,害怕被他人杀死,在单兵作战中通常要持续到杀死他人的时候。当本能的和文化上施加的限制,也就是通常情形下阻止我们杀人的种种限制,因害怕自己被杀死而失去效力时,这种去抑制化甚至会进一步加强。② 这样一来,对手似乎要为这样的痛苦方式负责,在这里,人们自身与杀戮相关的抑制被打破。最后,对眼前对手的无限愤怒喷涌而出,因为正是他的行为导致我们突破了对自身的抑制。在人们的主观印象中,是对手造成了我们的杀戮

---

① 克劳塞维茨,*Schriften II*, p. 631。克劳塞维茨在《战争论》第一章最后的某个草稿中表述了这些句子。自我保存作为动机是霍布斯思想的核心,也是他有关解除公民武装,国家垄断武力(公民们对此赞同是因为其自我保护的利益)观念的核心方面,这是现代政治理论的基础概念。

② Dave Grossman, *On Killing: The Psychological Costs of Learning to Kill in War and Society*, Boston, 1995.

行动,因此他们便成了罪恶之源。在生与死的直接斗争中,由于担心自己被杀死而盲目杀戮,暴力的盛怒与疯狂超越了一切界限。在相互攻击的个人层面,第一种和第二种走向极端的相互作用之间存在直接矛盾。在第一种相互作用中,个人通过武力的去抑制化导致了战争升级,而在第二种相互作用中,对个人死亡的恐惧启动了战胜敌人的机制。

第二个层面的特点是害怕自己的共同体走向死亡。这一共同体似乎是一个完全象征性的自我,一个象征性的我(ego),它为了自我保存而将个人构造成了一个共同体。为了保存这一共同体,个人有必要拿自己的生命冒险。此外,对手被视作对个人(集体)身份的威胁。对这一象征性的共同体走向"消亡"的恐惧,也会在这里导致如下认识,即只有敌人的共同体灭亡了,自己的共同体才能继续存在。在此的核心因素是,他自身的共同体,也就是作为民族、国家等形式存在的共同体早就被认为是为了自我保存而存在。因此,自身的侵略和使用武力只能由共同体受到了威胁或有可能走向分裂而变得合理,因为共同体应该确保属于它的那些个体的自我保存。

如果超越了个体的身份还被理解为一种宗教共同体,具有超越[50]个人生死的重要意义,那么,对死亡的恐惧会导致武力的进一步扩展。在这种情况下,集体意识应该通过提供意义而有着得以保存下来的可能,并且以一种集体构想的政治宗教术语超越了个体。也是在这一层面,武力变成一种汹涌的疯狂,任何类型的残酷似乎都通过"神圣的事业"而合理化。这不仅是生死的斗争;而是在生与死的意义方面所做的斗争。①

在三种情况下,作为个人或者作为政治宗教集体对死亡的恐惧,

---

① Peter Berghoff, *Der Tod des politischen Kollektivs. Politische Religionen und das Sterben und Töten für Volk, Nation, Rasse*, Akademie: Berlin, 1997, pp. 178 – 179.

都导致了更多杀戮的意愿。对个人遭到毁灭的恐惧和对超出了个人的毁灭的恐惧,导致了暴力的自动升级,对此,克劳塞维茨生动地描述道:"因此我无法控制:他(对手)命令我,就像我命令他一样。"(77)

第三种相互作用:"发挥最大力量"

前两个相互作用中,存在两个可识别的因素,它们导致了战争中走向极端暴力的趋向:武力本身的心理,对战败、毁灭和死亡的恐惧。在第三个相互作用中,乍一看,不存在明确的因素解释走向极端的强化。① 在这里,克劳塞维茨考察了,在双方意图"相同"的情况下,那些通过军事手段毁灭和战胜敌人的原则中必然会产生的后果。他认为,如果我们假设对手一方存在一定程度的反抗,我们就必须做出超出对手的努力,或至少确保和他们处于相同水准。"但敌人也会做同样的事,竞争将再一次产生。"(77)尽管这里的分析很简单,但毫无疑问,这一相互作用也描绘了存在于任何暴力冲突中的真实趋势。

在第三种相互作用中,战争升级之所以发生,是因为双方都想要把自己的意志强加于对方。克劳塞维茨提及对手抵抗的力量,但这涵盖了他可以利用的手段和他的精神力量(79)。韦伯(Max Weber)将权力定义为"将自己的意志施加在他人行为之上的可能性"。

---

① 从数量统计的角度看,第三个走向极端的相互作用也是克劳塞维茨并未充分注意的一个相互作用。第一个相互作用占据了文本中的 68 行(在英译本中占 52 行),第二个相互作用占了 29 行(在英译本中占了 21 行),而第三个相互作用占了不超过 18 行(英译本中 13 行);克劳塞维茨,《战争论》,页 75-77。第三个相互作用看起来同样是抽象的,因为克劳塞维茨并未解释在这种情形下是什么造成了战争升级。他仅仅认为,这种走向极端的强化发生在"纯粹理论"中(页 77)。然而,我们可以以冷战时期的军备竞赛为例,表明第三个相互作用以及走向它导致的战争升级的倾向,并不仅限于纯粹理论。

在克劳塞维茨最初的定义中,战争是一种武力行动,[51]目的是强迫敌人遵从我们的意志。因此第三种走向极端的相互作用针对的是一种战争升级的趋势,这是对战双方争夺权力的结果。①

第二种相互作用中对失去权力的恐惧,与第三种相互作用中
对权力的争夺相对照

克劳塞维茨对第三种相互作用的说明可以通过柏拉图对伯罗奔战争的原因分析获得例证。柏拉图认为任何旨在炫耀武力的政策,都会因结构性的原因导致战争。根据这一分析,雅典和斯巴达人之间的伯罗奔战争,是雅典通过海上贸易而调动起来的动力的必然结果。这意味着此前一直沿用的旧习俗和适度原则的终结,并调动了一种从理论上讲对物质的无穷贪欲的动态过程。从这时开始,雅典和斯巴达之间就注定会为了争夺希腊的优势地位产生一场冲突。柏拉图说,除了贪婪和贪欲,双方的权力斗争是决定性的因素。这导致了,在战争爆发时,任何一方都没有做出决策或调动军队的自由。正如我证明的,克劳塞维茨在第二种相互作用中表达了这种观点,他说,任何一方都不再能掌控自己的行动;也就是说,他们不再拥有决策的自由。②

克劳塞维茨在第二种走向极端的相互作用中,论证了由害怕被消灭而导致的战争和武力升级,与此相关,在此存在另一种评论。修昔底德,伯罗奔战争的记录者和古代世界最重要的史家之一,在

———

① Max Weber, *Economy and Society: An Outline of Interpretative Sociology*, edited by Guenther Roth and Claus Wittich. New York, 1968, vol. 3, p. 942. 在另一个地方,韦伯指出:"权力就是社会关系中的一方尽管遇到了阻力,但也能执行自己的意志的可能性。"同上书,第一卷,页53。亦参见 *Pipers Wörterbuch der Politik* 中的"权力"(Macht)词条, München & Zürich, vol. 1, pp. 521–525。

② 在此我遵循的是 Muenkler, *Gewalt und Ordnung*, pp. 81–84 中的看法。

雅典实力的增长中看到了这场战争的最初原因:"雅典实力的增长,以及由此造成的斯巴达的恐惧,使战争不可避免。"但和柏拉图不同,修昔底德认为,不是权力本身的争夺,而是对失去权力的害怕,并且,从长远来看,对被压制、被剥夺自由和被奴役的害怕,引发了最终导致战争的竞争性的相互作用。在修昔底德的论证中,双方的恐惧是战争的起因:斯巴达担心雅典实力增长,雅典则担心[52]如果对一系列不断升级的要求和威胁让步,其后果无法设想。修昔底德认为战争不可避免,不是因为双方追求进攻、扩张主义或帝国主义的目标,而是因为双方政府都害怕失去权力。

在克劳塞维茨看来,对战败的恐惧推动了政治军事升级,修昔底德则认为对失去权力的恐惧有相同效果。但修昔底德不是以一种抽象方式讨论权力的丧失。从长远来看,只要斯巴达人一直追求权力,雅典失去权力就意味着斯巴达人将会夺走雅典的权力、剥夺他们的自由。① 在这方面,修昔底德的分析在两个层面上进行。在克劳塞维茨的第二种相互作用中,战争之所以升级主要是因为害怕政治共同体由于失去权力而遭到毁灭。但同时,修昔底德的分析和柏拉图对战争起因的分析以及克劳塞维茨的第三种相互作用一样,也认为争夺权力的动力应该对战争的爆发承担责任。

四 三种相互作用导致了对战争的限制

克劳塞维茨在三种走向极端的相互作用中描述了真实战争中的真实趋向。在第二种和第三种相互作用中,他更加深入,并且提到战争的两个根本原因。但他认为,这三种相互作用只导致了"抽象思维

---

① Thucydides, *Der Peloponnesische Krieg*, Essen,1993,第23节,p.20,I,第140-141节,pp.106-108;Muenkler, *Gewalt und Ordnung*, pp.81-84。

领域的"中的一个极端。由此可以得出结论,克劳塞维茨的战争定义由三种走向极端的相互作用决定,而对此,他说"将会是一种抽象,对真实世界毫无影响"(78)。在这个论证中,较概念和实在①之间的直接对比更有说服力的是克劳塞维茨对三种对立的处理,他将其与三种走向极端的趋向做对比。这就是三种约束性的"走向缓和的相互作用"(蒙克勒),它们最终导致了有限的战争。

克劳塞维茨这样阐述这些不断走向升级的相互作用的三种对立。他说,真正的战争,只会完美地对应三种走向极端的相互作用:

[53](1)如果战争是一种完全孤立的行为,突然发生,且不因政治世界中此前发生的事情引起;

(2)如果战争由一个单独的决定性行为或者一系列同时发生的行为组成;

(3)如果获得的决定本身是完整的、完美的,不受任何对可能产生的政治情形的预先估计的影响。(77)

克劳塞维茨最初以否定的术语说明限制战争的趋向。有三件事确保升级的极端状态不会变成现实。首先,"人和人所做的事,不会总那么完美,永远不会实践绝对意义上的最佳状态"。这些缺陷在双方身上都存在,并构成了一种缓和力量(78)。其次,克劳塞维茨强调,由于做出极端的努力有悖于人性,"因此,便出现了一种倾向,即人们常常恳求在随后做出一个可能的决定"(80)。一方由于自身弱点而忽略的事将成为另一方减少自身努力的客观理由。最后,战场中的一个决定同样也被视为一种暂时性的恶(80)。人类的缺点和脆弱因此成为走向缓和的"消极"理由。

---

① 作为战争的"纯粹"概念的绝对和极端与真正的战争之间的对立是下一章的讨论主题。

持续时间对战争的限制

在三种"走向缓和的相互作用"中,克劳塞维茨识别出来的进一步限制战争的条件是什么呢?他说,两个对手并非不了解对方。战争不是在完全没有预料的情况下爆发的,也不可能"瞬间传播开来"(78)。双方都可以通过对方过去的行为方式评估对方,而不是以理论上所要求做出的行动为基础。更进一步来说,战争中的决断不是由单一行动或几个同时发生的行动构成,而是由一系列"前后相继的行动"构成。已经做出的行动就是一方行动的标准,通过这种方式,对极端的追求得到了缓和。最后,克劳塞维茨说到了后期"补救"的可能性,它可以缓和紧张带来的暴力,并且降低所需努力的强度(79-80)。[54]所有三项标准都与战争被嵌入在历史中的方式有关。克劳塞维茨起初解释了战争概念和真实战争之间的非同一性,由此将概念和历史发展区别开来。当三项标准在它们同历史的三种形态——过去、现在和未来——的关系中得到考察时,这种关联就变得清晰。克劳塞维茨从强调战争的历史发展,及其与早前发展之间的联系开始,进而详细解释战争行为延续的重要性(在战争中,"现在"不是亚里士多德所谓的一个短暂时刻,无法进一步分解,而是某种具有连续性的东西),最终讨论(可能的或希望的)将来对现在的影响。

最终的思路乍一看可能没有直接的启发性,但克劳塞维茨用非常形象的方式对它进行了说明:紧随战争而至的政治形势影响战争发动的方式,因为战争中的各方将这种政治形势考虑在内。随着过去、现在和未来,战争的持续时间和未来发展融合在一起,一些不直接属于某一具体战争的因素成了决定性的。

克劳塞维茨认为"文明国家"之间的战争远没有"野蛮"国家之间的战争残酷。他的判断基于各国本身社会状态的不同,以及各国之间的关系的差异。然而,这些社会的决定因素不是战争本身的组成部分。克劳塞维茨说,将缓和的原则引入战争的理论中会是荒谬的(76)。这一立场意味着,如果战争仅仅取决于它自身固有的法则,那么它将会走向极端。

时间维度是内部法则和外部情况之间的联系。通过引入时间维度,克劳塞维茨放弃了一种纯粹内部的处理战争的方式,把它置于外部决定因素的环境中。其中最重要的是国家早期的历史和未来的政治环境。在对第二种走向缓和的相互作用的集中处理中,很多其他决定因素都被提及。在这里,克劳塞维茨指的是人类不完美的组织,提到了不可能同时集中并使用一个人所有的力量。他说,正是这些力量的性质,以及使用这些力量的方式,使它们无法同时得到使用。

[55]这些力量是:军队、国土、物理特征和人口、盟国。这些因素也解释了战争的时间维度。在这种情况下,克劳塞维茨也提到,空间、"国家,及其物理特征"(79)是双方可以缓和的一个原因。但严格来说,空间的影响只是间接的,相反的力量不能同时全部进入行动,所以时间仍然是缓和的直接原因。①

但是,克劳塞维茨很早就表达了一种观点,他认为时间对战争的意义非常小。在他后期的作品中,军事行动的持续和时机成了限制走向使用武力的极端的三种相互作用的决定性因素。在《战争论》的早期草稿中,他认为,时间与战争行为没有关系,这一点不证自明。② 时间与战争发动方式之间的关系问题,正是克劳塞维茨在论述三种缓和的相互作用时讨论的问题。在第一章中,克劳塞维茨也解释了在一场战争中,军事活动如何发生中断。他认为不行动的

---

① 我们也应提及,克劳塞维茨在他的第二个起缓和作用的相互作用中使用的"持续"概念,在黑格尔看来是无中介的时间和空间的整体;参见 Hegel, *Enzyklopädie II*, §260, p. 56; 载于 Georg Wilhelm Friedrich Hegel, *Werke*, Suhrkamp: Frankfurt, 1980ff. ; cited as Hegel, *Enzyklopädie* and Hegel, *Werke*。

② Clausewitz, *Schriften II*, p. 672.

可能性给战争行动引入了一种新的缓和因素。克劳塞维茨将这种观点放到了他的关键公式中:"不行动的可能性在战争过程中通过稀释战争,也就是通过实践,产生了更多的缓和作用。"(85)

个人搏斗和更大范围内的搏斗

随着时间维度的引入,战争的外部环境走上前台。战争是"更大范围内的搏斗",而不只是个人的搏斗。即便是在克劳塞维茨给出战争的现实的定义之前,他也说:"战争只不过是更大范围内的搏斗。"(75)个人搏斗和更大范围内的搏斗有什么区别呢?

在《战争论》的第一章中,克劳塞维茨论述的展开可以被视为对于严格意义上的搏斗和作为更大范围内的搏斗的战争的一个逐步区分的过程。这种搏斗的延伸有两个方面。第一个方面是时间的分类,但这里还有第二个方面,可以分成三部分:发动战争的物质手段,搏斗发生在国家之间而非个人之间的事实,战争发生在特定政治条件之下的事实。

[56]我们首先来考察一下战争作为更大范围内搏斗与个人搏斗之间的全部差异。我们可以这样来描述这些差异:①

- 战争表达的是敌对的意图,搏斗表达的是敌对的情感。
- 截至目前几乎没有一场战争仅由武装冲突构成,而搏斗是一场单独的对战,一切仅仅决定于一瞬间。
- 在战争中关键的是总体结果,而非个体的命运,而搏斗中个人的命运是决定性因素。

---

① Keith Ronald Kernspecht 倡导咏春式的(非武装的)自卫方式,他简要地讨论了克劳塞维茨的战争定义和他自身有关决斗的看法之间的最为重要的差异,参见, Keith Ronald Kernspecht, *Vom Zweikampf. Strategie, Taktik, Physiologie, Psychologie, Philosophie und Geschichte der waffenlosen Selbstverteidigung*, 第 4 版,1994,关于这个问题,参见页 51。

- 由于地理上的延展、人口众多和涉及大量物资,战争无法短时间内扩散,因此不可能同时在每一个地方都进行战斗;而搏斗,则是立即就打,什么武器都可以使用,身体所有的脆弱部位都可以攻击——一次打击就可以决定胜败,甚至造成死亡。
- 战争绝不是突然发生的,因为已知的敌人是我们的邻居或过去的某人,他们的行为是有理由预知的;搏斗却常常突然发生,对手也常常不认识,所以,在这些情况下,对手的力量和战斗意志都无法提前估计。
- 战争的结果从不是绝对的——是政策通过其他手段的延续,战后的政策调整会影响其结果;而(个体)搏斗的结果,对被攻击一方可能是终结性的,结束于死亡。

到目前为止,在关于克劳塞维茨的二次文献中,由于搏斗范围的扩大带来的问题、个人搏斗与公共搏斗的区别问题都没有引起足够重视。克劳塞维茨认为,能够用来说明从走向极端的相互作用转变为限制战争的相互作用的主要要素就是战争的持续时间。战争的时间因素对区分个人的搏斗和扩大了的搏斗也具有决定作用。如果我们按照克劳塞维茨的观点把战争理解为一场扩大了的搏斗,那么,这个扩大的概念所指的肯定不仅是将个人搏斗简单相加。

[57]战争中有不同层级的搏斗。它们可能是个体之间的,但也可以发生在战斗、战术或战略层面。即便如此,所有的搏斗加起来也不等于整场战争。搏斗的扩大导致了当下时间的持续,融入过去和未来,由此造成内容上的差异,但是那些直接发生的个人的搏斗,事关生死,几乎是无时间的。[1] 个人搏斗和扩

---

[1] Keith Ronald Kernspecht, *Vom Zweikampf. Strategie, Taktik, Physiologie, Psychologie, Philosophie und Geschichte der waffenlosen Selbstverteidigung*,第4版,页51。

大了的搏斗之间最重要的区分由时间范畴决定。

时间范畴的差异

到目前为止,根据时间对克劳塞维茨的重要性,我已论述了个人的和扩大了的搏斗、战争的内部决定因素和外部决定因素之间的差异的最重要方面。走向有限战争的三种相互作用在决定性方面,同样也建立在时间维度的基础上。我们可以由此得出结论说,三种走向极端的相互作用以"无时间性"为特征。但由于在实际战争中不存在无时间性,因而三种走向极端的相互作用无非是一种抽象——从时间、空间、发动战争所需的物质手段中抽象出来的东西。① 我已经尝试证明这种结论是错的,因为三种走向极端的相互作用尽管不能规定作为整体的战争,但却是真实战争中的真实趋向。

无时间性和战争的时间持续之间的对立可以用一个点和一条线来类比。一个点之所以是一个点,是因为它不延伸。但在现实中,没有不延伸的点;每一个点都可以被视为一条线,即便是非常短的线。个人搏斗和三种走向极端的相互作用只有以类比的方式来看才是无时间的,但现实中并非如此。每一次行动,无论时间多短,都有持续时间,而特定的相互作用不能被认为没有持续时间。

克劳塞维茨强调:"和生命中的其他事物一样,军事行动也要时间。"(597)但是,我们应该如何理解明显的无时间性和时间的持续之间的不同呢? 决定性的要素是时间的持续基于特定行为的前后相继,而[58]明显的无时间性则标志着一种连续的、完整的行动。这就意味着,克劳塞维茨引入的三种走向缓和的相互作用是由时间

---

① 这种解释除了其他人之外,也为 Baumann 所分享,参见 Timo Baumann, Friktion und Chaos. Clausewitz und das naturwissenschaftliche Weltbild, in *Zeitschrift für Geschichtswissenschaft*, 8:1997, pp. 677 – 695。

维度决定的,因为原初行动的统一体被分解为时间上相互独立的行为。克劳塞维茨明确表示:"战争中的决断由诸多前后相继的行动组成。"

战斗的怒火和搏斗时发生的暴力在克劳塞维茨看来,都是超时间的。盲目的杀戮和为了保存生命而斗争看起来是无时间性的,因为它们是统一的行动。在这种情况下,时间的视野从参与战争中的人的意识中消失了,因为他们的行动仅仅由暴力构成。生死斗争的即时性因此超越了时间意识,那些时刻似乎延续到了永恒。出于这个原因,包含在三种走向极端的相互作用中的战争的即时性看起来就是无时间性的。

克劳塞维茨提到的三种走向极端的相互作用和三种走向缓和的相互作用之间的对立,与开始呈现出来的面貌相反,它们不由无时间性规定,而由时间的持续规定。毋宁说,一段时间内的统一行动和有独特维度的时间之内的统一行动之间存在对立,而这使不同种类的行动得以区分。使用时间范畴引入对"统一的"和前后相继的行动之间的区分,这一可能性激发克劳塞维茨在第一章中赋予"军事行动中断"以极端的重要性(81–83)。战争的时间维度及其对过去、现在和未来的融入,这些克劳塞维茨强调的特征,正是基于这一区分。然而,这并不意味着个人搏斗和走向极端的相互作用是完全无时间性的,并因此是抽象的。

五 走向极端的相互作用和走向缓和战争的相互作用之间的冲突

走向极端的相互作用与趋向于限制战争的相互作用之间的关系是什么?时间范畴是否是有关它们之间的区分的唯一解释,抑或在此还有进一步的区分?[59]它们之间存在一种紧张,即便不是直接的紧张,两者在某种程度上相互冲突。战争升级的机制通过武力、恐惧和权力的范畴在三种走向极端的相互作用中得到了解释。即便这三个范畴在走向缓和的相互作用中没有直接得到处理,但整个语境强烈表明它们在此也是最重要的因素。

恐惧:升级和限制

缓和与升级趋向的对比在第二种相互作用中得到了最形象的展示。在这里,克劳塞维茨把人们对自身毁灭的恐惧看成导致战争升级的最重要动机。如果消灭敌人是人们确保自己不被消灭的唯一保证,那么这一逻辑就意味着一连串无限制的暴力将不可避免。但在第二种缓和的相互作用中,克劳塞维茨对于他有关战争升级的逻辑的观点进行了限定,认为升级只适用于战争由一个单独的决定性时刻构成,或者由许多同时发生的这样的时刻组成的情形下。然而,将各种力量聚集"在时间中"(克劳塞维茨指的是在同时)的某个绝对物有悖于战争的本质。未来的决定性时刻的可能性意味着人类出于本性的弱点不会追求单一的结果(79-80)。

在讨论有关战斗的使用这一节,①克劳塞维茨阐明了出于恐惧而走向战争升级的对立,这以人性的弱点为条件:"但是,人类的精神由于一次打击甚至更加不敢下定决心。"纵观历史,政府和领袖总是想要避免决战。战争的"经济化"是战争在时间中持续的结果,也是单独一场战斗的失败可能意味着有输掉整个战争的危险的结果(259-260)。正是"无惧之中的恐惧"、生存的本能,造成了战争中在各种选择之间的踌躇、犹豫和计算权衡,并且,正如在第二种缓

---

① 论战斗的这个部分在文本中出现在后面的部分,但成稿的时间要早于第一章。

和的相互作用中描述的,它们也解释了限制战争的趋向。① 在克劳塞维茨看来,对个人毁灭的恐惧产生了非常矛盾的结果。

时间范围的缩短与扩张

[60]在走向缓和的相互作用中,时间范畴限制了战争升级。相反,在走向极端的相互作用中,时间的缩短趋向于逐步升级——不仅在克劳塞维茨的思想体系中,而且从历史角度看都如此。毛奇(Helmuth von Moltke)是1864年至1871年德国统一的三场战争期间德国的总参谋长,从他那个时代开始,工业国家在军事战略方面的主要关切一直是打更短的、更有限的战争。关于"发动战争和已经达到的工业化阶段相互排斥"的论断一直以来都引起了反复争论。但答案是尝试找到第三种办法。担心双线作战,尤其是可能破坏工业生产能力的问题,经由后来的威廉时代德国总参谋长施利芬伯爵,导致希特勒和二战时期的德国总参谋部提出了闪击战。②

在所有变量中,闪击战试图通过使用机动和增加的破坏能力在第一波攻击中克敌制胜,从而避免第一次世界大战时旷日持久的阵地战。但这些设想却起到了和预期相反的效果,最终导致了总体战。因为,正如克劳塞维茨所说:"敌人会做同样的事。"(77)如果一方一开始就试图通过研发新武器技术和军事战略打败敌人,另一方也会这样做。因此希特勒的闪击战在开始时是成功的,因为对方对这种发动战争的新形式还没有准备。正如在拿破仑取胜的例子中,这一战略成功的主要原因是对手士气涣散,不能对"这种在速度、专注度和突袭方

---

① Manfred Maengel, Vernunft keilförmig, auf sinnlosem Kampf. Kleist, Krieg und Clausewitz', *Tumult. Schriften zur Verkehrswissenschaft*, Vol. 21, 1995, p. 81.

② Michael Geyer, *Deutsche Rüstungspolitik 1860—1980*, Frankfurt, 1984.

面具有压倒性优势的战术"①做出足够快速的反应。

然而,在第二次世界大战之后,这种形式的战争已经被广泛接受。缩短时间在核时代达到了顶峰。为了避免对己方造成难以计算的损害,有必要预判敌人的行动,并在他们发射之前破坏其核弹。双方都试图尽可能地在敌人使用之前[61]破坏对方的摧毁能力,这不仅造成了预警时间和可能的相互交流只能在非常短的时间内持续,并且会导致很高程度的过分杀伤。

自相矛盾的是,匕首和砍刀(赫伯格-罗特)的战争与高科技战争都以时间性的丧失为特征。虽然缩短时间在现代战争中是军事胜利不可分割的部分(在这里时间不只是金钱,也是权力),但在内战的例子中可以看到不同现象。在内战中,时间的重要性被消除了:指向未来的期望都被置于一方,关注点都是直接的生存。内战"经济"的持续依赖于极度盘剥现有可用资源和放弃对未来发展的投资。随着一波又一波的暴力和生存升级,未来和平的前景逐渐消失。② 两种形式的战争的差异是,在高科技战争中,军事行动越来越短,而在内战中,现在则被延长,未来不复存在。恐惧吞噬了灵魂和未来。

导致战争升级的相互作用与导致有限战争的相互作用的比较,或许表明了在战争中缩短时间将会推动战争升级,而时间尺度的扩大则推动对战争的限制。但这并没有考虑到第一种走向极端的相互作用。我已经说过暴力本身具有一种去抑制效果。我们确实可以使用克劳塞维茨的论断,将军事力量的使用推迟到未来,这就具有限制效果。但与此同时,这也扩大了武力的使用,消除了对双方行动的约束。

---

① Michael Howard, *War in European History*, Oxford, 1984, p. 132.

② Herfried Muenkler, "Menschenrechte und Staatsräson", in Gustenau, Gustav (ed.), *Humanitäre militärische Intervention zwischen Legalität und Legitimität*. Baden-Baden, 2000, p. 157; Genschel, Philipp and Schlichte, Klaus, "Wenn Kriege chronisch werden: der Bürgerkrieg", *Leviathan* 4, 1997, pp. 501 – 517.

我们几乎可以在当前正在进行的所有内战中找到这样的例子。扩大时间尺度的限制效果与持续更久的使用武力的升级效果完全相反。

权力的对立趋向

克劳塞维茨的第三种走向极端的相互作用，也就是对权力的争夺，导致了战争无限制的升级，以至于实现一种自动作用，哪一方都无法掌控自己。在三种走向缓和的相互作用中，克劳塞维茨通过引入时间范畴对这一分析进行了限定。[62]接下来的问题是：在他的观念中，权力范畴自身是否具有走向战争升级的排他性特征？

双方由于争夺权力造成的战争升级方面的"对立"，可见于《战争论》第六篇，这一篇讨论防御。在这里，克劳塞维茨考察了防御方可用的资源范围，并且，在此框架下将防御方的盟友视为"终极支持的来源"。他说，欧洲权力体系的平衡并非系统地受到规范。即便如此，他继续说，毫无疑问，"国家和民族的主要利益和次要利益以最多样和多变的方式相互交织"。这些交叉点中的每一个都构成了一个固定的点，它可以用来阻止对权力的最初争夺。这些点的数量构成了一个或大或小的总体，任何人若想带来改变，都必须克服这个总体。通过这种方式，国家的整个关系网都趋向于在眼下的形式中维持这一总体，而不是改变它（373）。

暂且搁置国际权力平衡体系是否总是有助于维持和平这个麻烦的问题，[1]应该强调的是，克劳塞维茨在这里将权力的范畴理解

---

[1] 第一次世界大战中的战争升级似乎也受到了如下事实的影响，这就是，在一个完善的国家体系中，因为这个系统的一部分遭到了破坏，整个系统将陷入崩溃。此外，也不能排除如下可能性，这就是，专注于通过平衡来维持和平可能导致一种内在的压力去升级它的武器系统，因为，从长远来看，任何平衡都并非完全稳定。

为"维持现状"的手段。没有这种"维持现状的共同努力,众多文明国家绝不可能在一定时期内和平共存"。如果欧洲曾经存在了一千年,那也是因为作为整体的体系的支配。的确,"集体安全"的优先性并不总能确保单一国家得到保存,但——克劳塞维茨认为——这些事件是非常规的,这种非常规性不足以摧毁作为整体的欧洲国家体系。"维持现状"作为一种历史趋向,是一种"哲学真理",但这一哲学真理无法支配每一个单独事件(374)。在这一语境下,克劳塞维茨的权力概念应该被理解为在竞争环境中的自我保存。

如果在第三种走向极端的相互作用中,对权力的争夺导致了战争升级,克劳塞维茨的权力范畴就会与在争取"维持现状"的过程中使用的手段有着几乎相同的特征。这种意义上的权力平衡必须假设,行使权力是获得进一步的权力和自我保存的最佳方式。在此方面,克劳塞维茨从属于马基雅维利和霍布斯传统,他们都将国家内部的武力垄断[63]和权力的外部平衡视为避免"所有人对所有人的战争"的前提条件,也视为内部和外部和平的保证。因此,正如同在克劳塞维茨那里,恐惧兼有去限制化和限制的效果一样,在权力的范畴中也存在着矛盾。一方面,在第二种和第三种走向极端的相互作用中,争夺权力和害怕失去权力导致了战争的无限升级。在另一方面,克劳塞维茨对权力的概念化,同时也以保存现有东西的努力和自我保存的目标为特征。因此他认为,权力处在趋向扩张和自我保存的相互竞争的冲动之间。①

---

① 有关权力范畴内的这些矛盾有大量文献。尤其是,德国法西斯主义的终结引起了人们有关权力阴暗面的争论;在其他著作中,参见 Gerhard Ritter, *Die Dämonie der Macht*, 6th edn. Munich, 1948。关于新近的那些著作,Michael Th. Greven 主编的 *Macht in der Demokratie*(Baden–Baden, 1991)特别值得一提。

确定性和不确定性

除了相互作用的概念,三种走向极端的相互作用主要取决于那些可以根据对武力无约束的使用,以及对于敌人意图的恐惧和无知来表述的因素。因此它们的特点是没有交流、不确定和对敌人的无知。趋向于限制战争的相互作用与之完全不同。克劳塞维茨通过如下说法说明这种限制性的相互作用,这就是,双方在对方眼里都不是一个抽象的人,对方的意志也并非一无所知。由于战争不是突然发生,双方在很大程度上已经"通过他是谁、做什么,而不是严格意义上的,应该是什么、应该做什么"(78)来判断对方。

克劳塞维茨继续说:"这样的缺陷对双方都有影响,并因此形成了一种缓和力。"(78)在第二种限制战争的相互作用中,他的结论是,一方由于自身弱点,无论忽略了什么,都会成为对方缓和的客观原因,这就预设了,双方都知道对方的弱点,否则每一方就可能——根据第三种走向极端的相互作用——为了克服自身弱点,尽最大可能增加自身的力量。

[64]在两极世界的核军备竞赛时期,有可能极其清晰地观察到有关对方意图的确定的和不确定的效果。唯一确定的是,互相破坏的规模和敌人行动的不确定性。避免使用大规模杀伤的核武器,本质上是与战争发动过程相关的确定性与不确定性的结合。1991年,尽管使用了各种修辞,尽管向以色列发射了中程导弹,但伊拉克却被推向了这样一个位置——不能使用大规模杀伤性武器攻击以色列。这也很可能是基于以色列可能做出的反应的确定性与不确定性的结合。据称,以色列装备了核弹的战机曾经飞往了巴格达,但在到达目标之前被命令返回。不管这份报告是否准确,但正是这种对对手将会如何回应的想象的确定与不确定的结合,产生了自我遏制的效果,阻止了战争升级。

然而,克劳塞维茨却对这个等式进行了限定,这个等式宣称对手力量和意志的不确定性将会导致战争扩大,而确定性则会导致战争受到限制。在讨论战争中的不行动这一节中,统帅有关敌人军队的力量和意志的"不完善的知识",是导致战争缓和的决定性原因。只有在与自身处境相关时,每一位统帅才会全面掌握情况,统帅有关敌人的认识建立在不完整信息的基础上。克劳塞维茨说,这种不完善的知识是"造成军事行动停顿的自然原因之一,这里并没有矛盾"(85,强调为原文所有)。

过分强调而非低估敌人力量的趋向也是人性的一部分,因此必须承认,"一般来说,对情况不完全了解会在很大程度上拖延军事行动进展,使它趋向缓和"(85)。这意味着确定性与不确定性范畴无法给我们提供一般意义上解决战争升级或限制问题的可靠办法。这些范畴在单个例子中可能具有导致战争升级或限制战争的功能,但这不足以使我们得出任何普遍有效的结论。

作为一种手段的暴力/武力

[65]根据我给出的对第一种走向极端的相互作用的解读,使用武力本身在本质上具有去限制化的功能,这一事实解释了战争中的升级。然而,克劳塞维茨探讨的问题并不是使用武力本身,而是武力作为一种用于成功发动战争的手段。战争中武力的去限制化在其失去作用的那个点上达到极限。因此,肉搏战产生了愤怒和好斗,这是直接的暴力感受的结果。这些感受甚至还有生物学功能,作为刺激身体的一种方式,使肌肉得到最大限度的运用。但是,愤怒和好斗在必须使用复杂的武器系统时不再有用。即使在诸如弓箭这类简单的远距离武器的例子中,任何情感方面的兴奋都可能成为劣势;为了能瞄准和打击目标,重要的是镇定和放松。15、16世纪火器的发展甚至导致了"理想战士"的个性发生了变化。如果此

前需要的是"野蛮的好斗",那么,现在需要的则是对敌人的一种消极的和谨慎的蔑视,如此,新的武器系统才能得到有效使用。①

武器和制服的生产与供给、弹药存储地的建设、军队的维持、供给线的建立、训练、防御工事的建设,以及无数其他提供战争的物资需要的行动:这些方面也使现代战争明显区别于诸如个人搏斗、角力等狭义上的战争。这个问题在 18 世纪变得尤其清晰,当时欧洲国家正将大比例的财政预算投入军队,以至于因担心在战争中使用军队而使国家破产不再有任何意义。

然而,在现代,"只有有限的物资手段可用"这一事实造成的对于战争的限制向着相反情况转变。随着经济、工业和技术的发展,(相比于以前)物资的可能性越来越大。即便如此,在这里,可使用的物资能力造成的战争扩大和对战争的限制之间仍然存在一种紧张。战争中的武力使用是并且仍然是一种去限制化的因素。[66]另一方面,使武力的使用服从于有效性标准将会导致对战争的限制,因为战争中完全无限制的暴力使用将不能有效发挥作用。

六 战争的性质中的各种对立趋向

克劳塞维茨阐述了无限战争和有限战争的种种对立,但他不只是在自己思想发展的不同阶段中这样做。扩大战争与对战争进行限制之间的对立是《战争论》第一章关于战争定义的基本部分,这是他最后完成的著作。"武力的升级与缓和"(穆克勒)在克劳塞维

---

① Barbara Ehrenreich, *Blood Rites. Origins and History of the Passions of War*, Metropolitan Books: New York, 1997. 由于步枪、冲锋枪和机枪现在更容易使用,小规模军队正日益成为暴力的发泄口。现代步枪和冲锋枪甚至被认为是当代内战的标志。

茨的理论中可以被视为战争的相互对立的原则，彼此互相冲突。克劳塞维茨并未以任何教条主义的方式排他性地坚持升级或缓和；他将这两种原则视为对立的力量，它们在同等程度上影响战争。①

如果进一步沿着这个思路来思考，就会发现，克劳塞维茨理论中的对立可以根据这一理论的对象，也就是战争本身来解释。对他来说，对在一场遭遇战中被消灭的害怕有一种"缩减"（economizing）功能，但也会导致暴力的增长。武力被认为是去限制化的，但它也被界定为工具性的，而且其工具的角色也趋向于限制其范围。权力的范畴也依然与去限制化和自我保存的对立紧密相关。这些对立不只属于不同种类的战争；它们不仅仅是战争的"双重本质"的表现（"战争可以有两种"，《战争论》，页69），而是存在于每一场战争中的相互冲突的对立。

在三种走向极端的相互作用中，暴力、恐惧和权力是核心范畴，但它们在战争中同时也有限制战争的效果。克劳塞维茨同样将战争中的时间维度视为相互矛盾的因素。这些范畴的共同点是，我们不能明确地将战争升级或对于战争的限制同它们中的任何一个联系在一起。这甚至适用于暴力范畴本身。有可能存在必须理性地使用暴力的情况，为的是确保暴力不会升级从而超出一定界限。同时，每一次暴力行动都有引发无法控制的螺旋的危险，因为[67]使用暴力本身就有去抑制的效果。从有关这三种相互作用的讨论中得出的结论发人深思。在克劳塞维茨的思想中，暴力/武力、恐惧和权力既有导致战争升级的效果，又有限制战争的效果。

由此可以得出什么呢？一种可能性是去考察识别出来的范畴，看一看在什么时候、什么情况下、是什么原因导致了战争的扩大或限制。然后我们可以尝试发展出一种有关战争的升级和限制的类型学。但也有可能，这种考察将会发现大量例子来支持这样或那样

---

① Muenkler, *Gewalt und Ordnung*, p. 60.

的解读,却无法解决这些范畴对一般意义上的战争带来的相互冲突的结果的问题。尽管这种调查有可能成功概括出一些重要的可能性,但在实际的战争中,相同的范畴可以呈现出不同效果。在克劳塞维茨的概念中,战争走向升级的趋向使与之对立的缓和力量立即发挥作用。但在一个互相超越对方,导致极端武力的例子中,"可能疏于对政治需求的范围的考察",使用的手段与目标的关系会失去均衡,并且,在大多数情况下,这一想要"做出最大努力"的意图,"将会因内部环境体现出的与之抵消的力量而走向失败"。① 通过这种方式,克劳塞维茨强调,"交战国"不得不采取战争升级和缓和的中间路线(585)。

因为战争的升级与缓和之间的紧张,理论必须——按照克劳塞维茨对这个词的理解——离开由逻辑和数学代表的严格的科学领域。理论成为一种艺术,成为如下这种技能,他需要在大量对象和关系中,通过使用"判断力",识别出最重要的和最具决定性的关系和对象。"危险和责任感对普通人来说,不但不能增强他们精神的自由和活动,反而使之减弱,但对有些人来说,却能使他们的判断更为迅速、更为准确,毫无疑问,我们说的这些人都是少有的伟大人物。"(585-586)②克劳塞维茨认为人类是内在分裂的,并且,这种内在冲突在战争中呈现得最明显。但对他来说,这也是使人类做出自身的决定,并因此能够自由且负责的条件。

---

① Muenkler, *Gewalt und Ordnung*, p. 60-61;英文为 Gerard Holden 翻译。
② [译注]译文引自《战争论》,中国人民解放军军事科学院译,北京:解放军出版社,2004,页913。

第三章　绝对战争和真实战争的概念

[68]克劳塞维茨用一个工具性定义开启了《战争论》:"因此,战争是迫使敌人服从我们意志的一种暴力行为。"(75)然后,他在战争升级的相互作用的基础上推导出了战争的概念①(75 - 77)。最后,在"理论的结果"部分,他得出了"奇妙的三位一体"(89)。这就出现了一个问题:这三种概念化之间并不兼容。的确,克劳塞维茨的定义、他最初的战争概念以及"理论的结果"在一定程度上并不一致,而这种不一致就出现在他认为已经完成的唯一章节中。是克劳塞维茨无法抓住他的战争经验的复杂性,还是他的阐述具有一种并不清晰可见的结构?这里是否存在需要解决的困惑?

通常情形下,复杂的概念总是令人费解,无法得到明确界定。我们知道其中的意味,却难以直接表达它。比如,何谓自由,何谓无限?这些概念缺少准确定义,但这并不表示它们不是不可或缺的。清晰性的缺乏是一个问题,但也是这些概念的力量之一,因为它意味着无穷的差异与区别,并且,进一步的发展也是可能的。克劳塞维茨的战争理论表达了这样一个概念:它的多面性使它更像一个谜,而非明确的概念化。尽管他的战争理论具有不确定性,但他的目标是提出"清晰的理念"。他说,人类的心灵"有一种对清晰性的

---

① Howard 和 Paret 通常将克劳塞维茨使用的德文词 Begriff[概念]翻译为"理论"(theory),尽管他们有时也将其翻译为"概念"。为了明确 Begriff 和 Theorie 之间的区分,这也是克劳塞维茨使用的一对区分,我通常使用概念来翻译 Begriff,而用理论翻译 Theorie。

普遍渴望,希望感受到自己是事物的有序规划的一部分"(71)。

概念不只是文字,也不只是有关对象的描述。它们试图表达一些东西,例如表达对象的本质或功能。但在诸如战争这样的复杂事务中——这是克劳塞维茨著作的主题——最本质的东西是什么呢?当我们说起他的战争理论,我们指的是他赋予这个词所有可能含义的集合吗?它们可能会随着时间改变,或者,我们指的是通过抽象而识别出的那些不变的特性?另外一个影响[69]概念理解方式的因素是它们同其他概念的关系。比如,如果将战争同其他暴力形式区别开来,那么,聚焦点就在于政治环境。根据战争是国家或共同体组织的武力使用,战争也可以与其他形式的战斗区别开来;或者根据战争是暴力的,战争还可以与其他形式的政治区别开来。此外,概念还不同于现实。它们抓住现实,并且同时提供了我们行动的根据。概念化具有反射效果(reflexive effects)。我们形成概念的方式对我们的行为产生了影响。

在克劳塞维茨的一生中,战争的现实以根本方式发生了变化。他参加了普鲁士军队,当时战争依然完全基于18世纪给战争规定的原则进行。克劳塞维茨经历了法国大革命军队的战争扩张,经历了拿破仑战争的新活力和游击战。他也参加了当时的军事改革,为普鲁士民兵辩护,将其视为重大成就,尽管他是在复辟时代普鲁士民兵被取消之后这样做的,并且他也分析了解放战争之后限制战争所做的尝试。在他的早期作品中,克劳塞维茨批评了诸如冯·布洛(Von Bülow)这些作家的军事作品的纲要属性,从这时开始,他的理论著作聚焦于战事的变化和战争的变动属性。战争图景的变化是克劳塞维茨理论的重要柱石,也影响了他的概念化。

为了使克劳塞维茨著作中战争概念的不同维度成为人们的关注点,考察一些已有的解读不无裨益。比如,在有关克劳塞维茨的文献中,一个尤为重要的问题是"绝对战争"和"总体战争"的区分。克劳塞维茨在不同时期额外赋予了概念化不同功能,对概念应该去做什么做了不同解释。正如我们前面讨论的,借助以耶拿、莫斯科和滑铁卢为代表的彼此对立的战争经验,就有可能解释这些对立。但克劳塞维茨并非只记录下这些对立,将它们放在那里不管,而是尝试以"奇妙的三位一体"的形式提出一种统一的战争理论。这是他表述自身理论的出发点。但为了提出和证实这个概念,他需要《战争论》整个第一章的阐释。因此,"奇妙的三位一体"在这一阐释的最后被引入,这符合逻辑。

一 有关克劳塞维茨的各种对立的解读

[70]阿隆认为,直至生命结束,克劳塞维茨才获得了一个在任何他没有修订过的著作中都无法找到的立场,这就是有关战争的"抽象的、不真实的、哲学的和理想化的特征",一种"符合它(战争)的定义"的观念。① 阿隆试图驳斥"绝对战争"对克劳塞维茨来说是一种真正战争理论的观点。正是从这种观念出发,有些人得出结论说,毁灭战的理念是克劳塞维茨思想的核心。沿着这种看法做出的解读不仅可以在克劳塞维茨最尖刻的批评者比如哈特(Sir Basil Liddell Hart)和基根(John Keegan)那里找到,也可以在德国军事思想家们的作品中找到,他们总结说,绝对战争或者毁灭战争,是战争的唯一真正的形式。

比如施里芬伯爵宣称克劳塞维茨做出了杰出贡献,他使"绝对战争"、毁灭战的理念在德国军官团的思考中保持活力。克劳塞维茨的评论家也经常持有相同观点。他们认为克劳塞维茨必须为欧洲的军事化,特别是19、20世纪德国的军事化承担责任,哈特批评

---

① Aron, *Den Krieg denken*, p. 111; translated by Gerard Holden.

说:"将军们开始沉醉于克劳塞维茨的葡萄酿造的血色红酒中。"①有些人甚至看到了克劳塞维茨有关绝对、极端的概念化和鲁登道夫(Erich Ludendorff)表述的"总体战"观点之间的联系。戈培尔(Joseph Goebbels)在他的著名的体育宫演讲中对此做了重申,在这篇讲演中,他要求人们了解:"你们想要总体战么?如果必要的话,你们想要一场甚至比我们今天可以想象的更残酷更激进的总体战么?"②阿隆不认为克劳塞维茨是毁灭战理论家,并试图阐明克劳塞维茨有关战争的概念化中的潜在的分析要素。然而,必须追问的问题是:这一点是否可以借助克劳塞维茨理论与真实战争之间的对立得到实现,他的概念化本身是否仍然自相矛盾?

在《战争论》第一篇第一章中,克劳塞维茨认为,对于走向极端的相互作用来说,在"抽象思维的领域",这些相互作用意味着,精神"永远不能停止",在到达极端之前永远找不到一个固定点。克劳塞维茨将这一主张奠基于如下论证基础上,即当"绝对的概念"作为持久的相互作用的结果[71]被推论出来时,极端便会产生。但克劳塞维茨强调(78),这些极端不过是观念的相互作用,由几乎看不见的一系列微小的逻辑差异产生。阿隆认为,在这种语境下,克劳塞维茨的战争概念是纯粹抽象的,和现实没有关系。那么,战争理论会成为"现实的对立面"么?③ 阿隆对克劳塞维茨的"绝对战争"的理解使他进入长长的评论家行列中,这些评论家包括罗特菲尔斯(Rothfels),基塞尔(Kessel),里德尔(Ritter)和哈尔韦格(Hahl-

---

① Quoted by Hans Rothfels, *Clausewitz*, in Dill, *Clausewitz in Perspektive*, pp. 261 – 290, quotation from p. 262; translated by Gerard Holden; cited as Rothfels, *Clausewitz*.

② Quoted in Wolfgang Michalka ed, *Deutsche Geschichte* 1933—1945. *Dokumente zur Innen – und Außenpolitik*. Frankfurt, 1993.

③ Panajotis Kondylis, *Theorie des Krieges: Clausewitz – Marx – Engels – Lenin*. Stuttgart, 1988, p. 14; cited as Kondylis, *Theorie*.

weg),在这个名单中,他最为典型。

我们可以这样概括这些作家们的立场,他们认为,克劳塞维茨在第一章开头提出的战争概念,具体来说就是在这一部分中考察的战争走向绝对和极端的倾向,是不真实的。这些评论家认为,克劳塞维茨的理论是一种超出了现实范围的理想类型,是一种纯粹理论的观点,不应与真实的战争混淆。在论述完战争升级的相互作用之后,克劳塞维茨的确马上强调了概念的、抽象的走向暴力升级的趋向与真实战争的区别。他说,如果必须在每次战争中都做"最大努力",这就可能是"一种抽象,对真实世界没有丝毫影响"(78)。

尽管如此,我们也还不得不问,克劳塞维茨的战争理论是否最终不能被解读为一种对现实加以规范的理念,至少在某种程度上不能这样解读。罗特菲尔斯(Hans Rothfels)强调克劳塞维茨将绝对战争视为一种哲学意义上的理想,认为它是给一系列差异巨大的现象带来统一性和客观性的东西。因此,罗特菲尔斯继续论述说,对克劳塞维茨来讲,"绝对战争"无疑仅仅意味着战争作为一种抽象物,是一种"纸上的战争"。然而,罗特菲尔斯也指出了克劳塞维茨观点的另一面。他说,克劳塞维茨试图借助另一个更深层的概念,也就是作为焦点的"战斗"的观念——即便在战争中不存在这样的战斗,解决了绝对战争和真实战争的对立。罗特菲尔斯强调战斗,但也在形式上维持绝对战争和真实战争的区分,因此他倾向于将注意力转回到战争的绝对性特点上。①

诺德利斯(Panajotis Kondylis)认为,阿隆有关克劳塞维茨的"自由的"(liberal)解读涉及对两对矛盾概念的关注:"抽象战争——盲目暴力"和与之相对的"真实战争——理性政治行动"。根据诺德利斯的观点,阿隆主张的"盲目暴力"[72]只有在理论上才是战争的特征,现实中的战争则由理性政治行动决定。诺德利斯认为,这

---

① Rothfels, *Clausewitz*, pp. 273–275.

种"自由的"立场基于"稀释的暴力"和全部现实之间的二元论,前者被限定在抽象范畴中,在后者那里,唯有缓和行动才是可能的。最后,"缓和行动"的理念蕴含着一种有远见的平民参与者的存在,他们意识到了自身的职责;但结果却是,军事行动的独特性和战争的动力消失了。根据诺德利斯的观点,阿隆对克劳塞维茨的解读也造成了一个影响广泛但却致命的错误:它混淆了两种对立,一种是抽象战争与现实战争的对立,另一种是毁灭战争与有限战争的对立。①

然而,除了(战争概念的理论身份)这个区别之外,诺德利斯的立场并未真正远离阿隆。诺德利斯基于克劳塞维茨的三种走向极端的相互作用界定战争,认为战争受到了本身并非战争的组成要素的抑制。但这并非完全不同于阿隆的说法,阿隆认为,存在一种与走向极端的强化相对立的缓和力量。根据他的观点,这种力量外在于作为一种简单的力量较量的狭义战争;但它却蕴含在有关作为整体政治的一部分的战争的总体定义中。阿隆和诺德利斯的唯一真正不同在于,究竟是什么阻止战争以一种"不受抑制的"方式展开。对阿隆来说是政治,对诺德利斯来说是文化:诺德利斯说,在文明状态中,战争被其他生存因素稀释了。②

克劳塞维茨根据存在于概念的严格逻辑与真实战争之间的障碍解释两者的差异:

> 在此谈到的障碍是国家事务中被战争影响的大量因素、力量和情况。任何逻辑序列都不能通过无数的曲折走向进步,就如同它是连接两个推论的简单线索一样。

真实的战争陷入"曲折"中(579)。未解的难题——这也是一

---

① Kondylis, *Theorie*, pp. 11, 19.
② 同上,页17。

个重要差异——是克劳塞维茨赋予这个概念和这种抽象的身份。诺德利斯和阿隆以不同方式回答了这个问题。对诺德利斯来说,在克劳塞维茨的思想中,战争主要由搏斗、抗争、为了获取生存的战斗和敌对来决定,这导致诺德利斯从文化人类学的角度解读克劳塞维茨。阿隆也看到了这一方面,但他更多地强调[73]作为政治整体的一部分的战争的"总体定义"(overall definition)。我们也可以看到,阿隆区分了主观政治与客观政治,并且,客观政治与社会或文化之间,并不像人们在阅读诺德利斯对阿隆的批评时可能想到的那样,有清晰的分界线。

将克劳塞维茨的战争概念还原为"绝对和极端",不仅给那些从不批判的崇拜者,也给那些批判者,带来成问题的后果。这一点也适用于20世纪世界大战期间的德国军事思想家,他们基于这一鲜明的战争概念,看到了毁灭乃是战争的普遍性目标的观点,也导致了在诸如阿隆的解读中可以看到的内部矛盾。一方面,阿隆说政治有一种根本性地缓和与克劳塞维茨概念相对应的那种战争的趋向;但同时,他也认为政治本身决定着走向总体战的趋向(很明显,在这里想到的是第二次世界大战的灾难),以及与之相关的战争的受限制特征。

克劳塞维茨的确区别了两种战争:因为内在逻辑导致极端的战争,①三种走向缓和的相互作用发挥作用的有限战争。其中的一个区分实际上是战后的"政治状态",它对战争发动的方式产生了影响,并且缓和了绝对的或抽象的战争(78)。我们由此可以得出结论说,在克劳塞维茨看来,当战争仅仅遵从其内在的法则时,便会导致极端。他强调,极端因此会抵达"抽象思维的领域",因为概念遭遇到了一种仅仅遵从内在法则的"力量冲突"。另一方面,政策是某种不同于并且外在于战争的东西,给它为这种走向极端的趋向设置

---

① 三种走向极端的相互作用,载于 *On War*, pp. 75–77。

了根本性限制。但在《战争论》第一章,克劳塞维茨重复了我们通过 1827 年的笔记已经熟悉了的那个区别,他说,战争或者是无限制的,或者是受到限制的,并且他强调,和现象展示给我们的不同,这两类战争都由政策决定。① 克劳塞维茨的战争概念的确存在一个重要问题,但阿隆和诺德利斯的分歧不像诺德利斯说的那样大。

如果要找一个与阿隆真正对立的观点,我们可以在基根的作品里找到。基根也认为战争具有一种更为完备的总体性的特征,他将这种更完备的总体性称作文化。但[74]他确信,当战争遵从本身的法则,任其发展时,并不必然导致绝对的或极端的暴力,而只会被外部的和其他的东西缓和。根据这一观点,对于燃烧起来的战争怒火(furor belli),有其他一些内在于战争自身的限制。

基根的观点可以概括如下。战争是事关生存与死亡的斗争,但其存在内在的限制或平衡,可以限制其强化到极端状态。这些内在的限制或平衡包含生存的本能、对被杀的恐惧、人类学意义上的使我们不愿意杀害他人的条件性抑制、职业化、仪式化和习俗化。这种解释并不能根据战争的内在逻辑的发展说清楚为何战争要升级,而根据与之相反的外部因素做出说明,这些外部因素包括:政治和社会-文化发展、由武器技术和工业的发展而导致的对杀戮的抑制的失效,和社会道德不平等的产生。所有这些因素都造成了一种感觉,即敌人已经在原则上不再和我们保持平等。造成空间、时间和社会道德方面的距离的一个因素,是敌人已经从一个人转变成了武器攻击范围内的一个物体。这种转变可清楚地见于空间距离中,例如在使用诸如导

---

① Clausewitz, *On War*, pp. 87-88;1827 年笔记,ibid. pp. 75-77。克劳塞维茨也在他的 *Gedanken zur Abwehr* 和 *Verstreute Kleine Schriften*,页 497-499 中说过类似的话。

弹等现代武器系统的情形下。①

我们可以将基根和阿隆视为理想类型,视为在对克劳塞维茨的解读中的正相反对的极端。如果我们做一简化,就可以清晰地看到他们观点之间的差异。在第一种走向极端的相互作用中,克劳塞维茨似乎主张战争的内在法则必然会导致一种极端,因为战争是暴力的和战斗的一种形式。通过战斗和使用武力,战争逐步超越现有界限。根据阿隆的解读,这种趋向通过诸如政治、社会和文化等因素得到缓和。克劳塞维茨强调:

> 我们决不允许自己被误导,视战争为纯粹的武力和破坏行动……相反,必须认识到,战争是一种并非完全自发的政治行为、一种真正的政治工具。②

在这里,克劳塞维茨反复强调了各种对立之间的紧张,这非常典型,甚至在他的观点看起来是清楚时也是如此:战争是一种政治行为,因此它并不完全承载内在于自身的全部法则。与克劳塞维茨不同,基根认为,正是政治和工业化这些战争的外部条件,而不是[75]其内在的那些要素,导致了战争中对暴力的越来越多的去抑制化(disinhibition)。

---

① 关于禁止屠杀他者的论述,参见 Dave Grossman, *On Killing*, New York, 1996. Oskar Negt 和 Alexander Kluge 在他们的 *Geschichte und Eigensinn*, Frankfurt 1981, 页 809 及其以下部分中,强调了社会距离是一种存在于个体间斗争和主客体关系之间的差异,在这种主客体的关系中,敌人变成了武器射程内的目标。

② Clausewitz, *Gedanken zur Abwehr*, in *Verstreute kleine Schriften*, p. 498; translated by Gerard Holden.

二 "绝对"和"总体的"战争

为了恰当理解克劳塞维茨有关战争的不同概念,需要更进一步考察"绝对的"和"总体的"战争的关系。克劳塞维茨的评论家指责他使用绝对战争的概念,以此倡导总体战。为他辩护的人则认为在这两个概念之间有根本区别。比如,阿隆认为:"任何将绝对战争等同于总体战的人……都不是在解读他,而是在篡改他。"但不久之后,阿隆便研究了这两个概念的联系。在这里他也说"对于强化以至于走向极端的那种抽象需求"绝不是"行为方面的命令"(praxeological imperative),但即便如此,他仍然得出结论说,只要我们研究一下真实的战争,就会看到,不仅缓和行为的可能性,而且对于强化的抽象需求,都是决定性的。① 按照阿隆的观点,看待该问题的这两种方式之间的唯一区别是,概念的层面仅仅受绝对物和极端物规定,而在真实的战争层面,走向极端的趋向是两种相对立的可能性之一。

早期的克劳塞维茨和普鲁士军队改革家都认为,如果要成功发动战争,如果普鲁士国想要存活下去,全民族的潜力都要被动员起来。这种观点和总体战的概念之间的确存在一种密切关系。这种观点也主张,在发动战争的过程中,要使用所有可以想到的军事力量上的资源和手段。早在1922年,鲁登道夫,也就是第一次世界大战期间德国陆军部队指挥官,曾这样写道:"不可改变的事实"意味着,即将到来的战争将会呈现出"总体战"的特点。鲁登道夫通过全欧洲人口增长时引入的强制服兵役,以及愈发具有破坏力的新式

---

① Aron, *Den Krieg denken*, p. 31 and p. 108; translated by Gerard Holden.

武器系统的发展,解释了这一战争方式的发展。① 这种"总体"战争以如下虚构为特征,它宣称,发动战争是为了确保"民族生存"。也就是说,这不仅事关武装力量,而且直接影响每个个体公民的生活与"灵魂",由此可以得出,政策也必须呈现出这种总体特征。

[76]鲁登道夫有关战争的总体化的观念多少是从克劳塞维茨那里获得的灵感,但同时,他也将自己同克劳塞维茨的观点分离开来。他写道,克劳塞维茨的所有理论都应被抛弃。在鲁登道夫看来,战争是人民生存意志的最高表达,因此政策应该服务于战事,而非相反。在鲁登道夫的作品中,作为一种道德方面的绝对物的"人民生存意志"的提升,以及与之相联系的毁灭的理念,在逻辑上导致放弃政策的优先性。这一立场与克劳塞维茨完全对立。鲁登道夫放弃克劳塞维茨,这表明克劳塞维茨的评论者们归结给他的毁灭的理念优先的观点,不能轻易地同政策的优先性相容。

正如我们此前提到的,必须承认,克劳塞维茨对他的多元的战争概念之一的最初使用,一上来就与三种走向极端的相互作用相关联。但在这里,正如我们已经表明的,它所指的不是作为整体的战争,而只是在最初由三部分构成的战争定义范围内的"战争的目标"。对克劳塞维茨来讲,"纯粹理论"的概念和"绝对战争"的概念在本质上就是指战争的目标。虽然这在克劳塞维茨一方看起来是一种还原论,但它却可以解释"绝对战争"和"总体战"之间的差异。总体战给人的印象是,在这里军事目标已经独立出来,转化为更高的意图。军事目标和战争意图的反转对于总体战来说似乎是决定

---

① 鲁登道夫的正式头衔只是陆军军需司令,但他与总参谋长兴登堡一同负责作战。此处鲁登道夫的引文选自 Hans-Ulrich Wehler, *'Absoluter' und 'Totaler' Krieg. Von Clausewitz zu Ludendorff*, in Dill, *Clausewitz in Perspektive*, pp. 474–510, quotations from pp. 492–493;英文为 Gerard Holden 所译。鲁登道夫还认为"犹太人和天主教为权力而斗争"应该为走向总体战的趋势承担责任。同上。

性的标准。①

比如说,社会学家弗莱尔(Hans Freyer)在20世纪20年代总结道,一切政治不过是"威胁发动战争,准备战争,延迟或推进战争,激化或阻止战争"。在弗莱尔看来,国家因战争产生,并通过备战和真实的战争维持自身的存在。进一步来说,国家需要"一些其他东西,一些展示它作为许多国家之一的现实的东西:一种征服的范畴"。国家必须"为了存在而去征服"。这种军事目标向某种具有自发性之物的转变将绝对战争的理念转变为总体战。对弗莱尔来说战争不是一种手段或一种工具;它在自身中发现了自己的意图。国家"在最公开地体现战争的时候,才是作为一个国家的最纯粹时刻"。② 在克劳塞维茨的作品中,通过对比,我们发现了对军事目标的理论的和历史的扩张的认可,(在他早期的作品中)也发现了战争的生存性[77]观念,但没有这种类似完全反转目标与意图的东西。

三 克劳塞维茨作品中"概念"的不同功能

在关于三种相互作用的分析的末尾,克劳塞维茨有关概念与现实的不同、甚至对立的论述非常有名,并经常被引用。在这个问题

---

① 致力于总体战发展的五个国际会议的会议记录注意到了与这个概念相关的问题。在1996年的会议上,奇克林(Roger Chickering)报告说,他对于论述"总体战"的文献的回顾已经揭示了一种几乎前所未有的混乱。他说,大多数作家都只能用"不准确的、夸张的修辞"掩盖他们在探索中遇到的困难。奇克林的评论为莫塔尼(Marco Montani)所引用,参见 Marco Montani, *Im Zeitalter innerer und äuserer Mobilmachung*, Frankfurter Allgemeine Zeitung, 23.10.96, p.6。

② Hans Freyer, *Der Staat*, Leipzig, 1925, p.20 and pp.140–143; translation Gerard Holden.

上,他反复地谈到"抽象思维的领域",谈到它和现实战争的区别。①但在三种相互作用之一中,他也提到了理论和现实的对应关系。他强调两者的根本区别,但也认为"文明的进步丝毫不曾妨碍或者转变消灭敌人的冲动,后者是战争观念的核心"(76)。

在第八篇开始,克劳塞维茨将战争的概念解读为某种绝对的东西、一种理想、一种具有普遍性的指导原则——现实只能在有限程度上与之接近。他说,理论的战争与现实的战争之差异不可消除,但

> 理论有义务赋予绝对形式的战争以优先权,并将这种形式作为一个一般性的参考点,以便那些想要从理论中学习的人习惯于时刻记得这个点,用以衡量他的所有期望和恐惧,并在他能够或必须接近这个点时接近它。(581,强调为原文所有)

这种朝向绝对形式的战争的倾向被如此强调,以至于克劳塞维茨将真实的战争描述为"某种不连贯和不完整的东西……某种完全不同于根据理论本应该如此的东西"。从这个角度看,对克劳塞维茨来讲,真实的战争甚至似乎本身就是一个矛盾体。但也有例外。克劳塞维茨说,"如果不是因为我们亲眼看到战争达到这种绝对完美的状态",我们就会怀疑,绝对战争的理念能否成为现实。对克劳塞维茨来说,(第八篇开头)拿破仑发动战争的方式是战争概念的实现。在法国大革命的短暂前奏之后,"波拿巴快速而粗鲁地把战争带到了那个点上"。克劳塞维茨说,战争的这种展现[78]"应该使我们再次转向纯粹的战争概念及其所有严格的内涵"(580),因此是自然且必然的。

然而,我们必须牢记,克劳塞维茨的战争概念被整合进了三种

---

① Clausewitz, *On War*, Book I, Chapter 1, Section 6, p. 78; Section 8, pp. 79–80; Section 10, p. 80.

基本的对立中,并且,它在每个对立中各不相同。克劳塞维茨承认理论与现实的不同,却赋予"绝对战争"的观念以优先权,而后者已经在拿破仑战争的形式中成为现实,这里我们便可以发现第一种对立。在第八篇的开头部分(581),克劳塞维茨提出战争绝对性的理念,目的是尽可能地拉近理论和现实的距离——尽管它们之间存在差别。因此,在好几个地方,克劳塞维茨将某物的概念用作一种调控性理念,由这一理念可以推出现实和政治实践的结果,包括战争。比如,在一段话中,克劳塞维茨解释了战区、军队和战役的概念,但随后得出结论:它们不能得到更准确的规定,因为"不像科学或哲学的定义,它们对任何规则来说都不是基础性的"(281)。

在克劳塞维茨看来,这就意味着,战争的实践结果从"哲学性的定义"中产生,虽然他指出,在其他情况下,这种建立在战争的概念基础上的论述方式是一种抽象。我们可以在第一篇第一章中找到第二种对立,在这里他将三种走向极端的相互作用视为战争概念的深化,但他这样做只是为了使理论与实践之间的差异和距离变得更为清晰可见。

克劳塞维茨在这两种立场之间来回切换,我们尤其可以在第八篇中清晰地看到这种切换的方式。在那里,他说,单纯在理论基础上建构一种有关应然战争的理念是不被允许的。相反,我们应该为一切介入战争中的外部因素提供空间,尤其是为潜在的不一贯性、不准确性和人的怯懦提供空间。因此我们必须直面如下事实:战争及其给定的形式由在它之前的理念、感觉和环境所引发。克劳塞维茨说,即便在"波拿巴统治时期",即战争呈现绝对形式的那个时期,亦是如此。但在限制理论的功能之后,他却指出,理论必须继续着眼于绝对形式的战争(580)。

第三点即最后一点与两个狭义的战争概念——战争作为一种搏斗的概念和战争作为力量较量的概念——之间的对比相关联,也与战争的总体概念[79]——战争作为更完备的整体的一个部

分——相关联。在某个地方,克劳塞维茨说:

> 从根本上来讲,战争是战斗,因为战斗是在普遍意义上被称为战争的多元行动中唯一有效的原则。速战的需要促使人类发明了在战斗中获得优势的合适工具,并且它们也带来了战斗形式的巨大变化。(127)

战争中唯一可以使用的方式就是战斗,虽然这可能会产生出许多不同形式,并且,从最初作为仇恨和敌意的野蛮的释放以来,经历了漫长的道路,许多并非战斗的力量也可能会侵入。战争的概念总是意味着,所发生的一切最初必定都源自战斗(95)。

克劳塞维茨利用诸如"抽象的思维"(79)和"纯粹的战争概念"(90)这些术语描述这一狭义的战争概念的特征。在第八篇开端,他将"战争的一般概念"理解为为了摧毁敌军而展开的战斗(577)。他在《战争论》中反复强调,战争"无法遵循自身的法则",相反,它必须被视为一个更完备整体的一部分——这个整体就是政治(606)。对克劳塞维茨来讲,概念在这里同样发挥了两项根本不同的功能。一方面,他使用了一种着眼于战斗的狭义的、即时性的战争概念,另一方面,他强调,战争的概念涉及的是战争的整体,并且,必须被理解为这个总体的一部分。

四 三种战争概念:耶拿、莫斯科和滑铁卢

我们如何才能解决克劳塞维茨笔下关于战争的不同概念之间存在的紧张、冲突,甚至有时是矛盾呢? 历史和体系的因素的结合可以说明,在与清晰的战争概念的关系中,克劳塞维茨出现的摇摆和不确定。早期的克劳塞维茨认为,在概念和现实之间存在一种直接的一致性。在倾听了(康德的追随者)基塞维特(Kiesewetter)的

讲座之后,克劳塞维茨吸收了他的观点,区分了两种形式的真理。形式的真理是理念和思维法则(即逻辑)之间的一致性,而质料的真理是理念与它表象的对象之间的一致性。① 随着克劳塞维茨的理论变得越来越复杂,他也许发现已经不能再仅仅根据理念与现实之间的一致性来表达[80]它,尽管这种一致性仍然是他想要达到的目标。

克劳塞维茨之所以既保留理念和现实之间的一致性,又强调它们之间的差异,也有历史性的和体系性的原因。耶拿时期发生的真正的战争由拿破仑发动战争的方式决定,对此,克劳塞维茨和他的同时代人一样,体验到这些战争是战争的"绝对形式"。这里的决定性因素是毁灭的原则,是不计代价发动战争,是动用整个国家的资源。通过和这种绝对形式的战争对比,早期的内阁战争受到了极大限制;在 18 世纪,没有人能想到拿破仑将要展示的那种战争的可能性。在克劳塞维茨看来,呼吁理论和现实之间的一致意味着概念化必须着眼于这种新的战争形式。出于那些与军事无关的因素,比如可以利用的财政手段,18 世纪的战争仍然是有限的,与之相对,在克劳塞维茨看来,拿破仑采取的是赤裸裸的和"纯粹的"战争形式。准确地讲,因为拿破仑在发动战争时使用了法国所有可用的资源和手段,战争近乎展示出它的"真正面目",而无需受制于非军事因素的考虑。

同样,必须考虑拿破仑发动战争的新方式取得的巨大成功。在短短几年之内,他打败了几乎所有欧洲强国,将法国的影响范围扩展到几乎整个欧洲。耶拿和奥尔施塔特双城战表明,这种新的挑战即便对普鲁士这个军事强国来说也太大了。如果普鲁士想要在政治上生存下来,似乎只有一个选择:普鲁士的军队必须根据新的战争方式重组。普鲁士军事变革就是针对这一目的的尝试,早期克劳

---

① Clausewitz, *Schriften II*, pp. 33 – 34.

塞维茨讨论新型战争的著作也是这样的尝试。战争的理论必须着眼于这种新的战争方式,以便符合现实,而确保国家政治生存的需要也提出了同样的要求。由此产生的结论是,所有战争实践造成的结果必须能够从战争的新概念中得出。通过把理论和现实之间的一致同着眼于拿破仑的战争方式相结合,克劳塞维茨得出了如下公式:[81]为了能够确信地说出"摧毁敌人的军队"是战争的主要原则,我们只需记住战争的概念(258)。

莫斯科和克劳塞维茨对拿破仑俄国战役的分析是一个转折点。"战神"拿破仑以及他的战略仍然是克劳塞维茨的理想。尽管与此同时,俄国战役的失败使克劳塞维茨认识到这种战略并非适用于所有情况,有可能会产生障碍。克劳塞维茨将这些发动战争的障碍称为"摩擦"。他说,战争中的任何事都非常简单,但最简单的事却是困难的。这些困难不断累积,导致摩擦,没有亲眼目睹战争的人无法真正想象它。摩擦是区分真实的战争和纸面上的战争的唯一概念:

> 这种巨大的摩擦,不像在力学中那样,被还原到少数几个点,它在任何地方都与偶然性相关联,并且带来了无法衡量的影响,只因它们很大程度上由偶然所致。(120)

这些由偶然性造成影响的例子便是天气,天气可以降低连队的行进速度或使敌人隐藏起来。

这种摩擦导致战争成为"一种类似于抵抗元素中的运动"。战争带来的危险及其需要的体力支出导致了摩擦这种罪恶的增长,以至于摩擦可以被视为战争最重要的原因(120)。克劳塞维茨在《战争论》第一篇中关于摩擦的评论源于他对俄国战役的分析,他几乎把相关段落逐字拿了过来。① 克劳塞维茨继续将拿破仑发动战争的方式视为一种理想的和调整性的原则,但从此只存在于理论的领域——与之对立的是现实和摩擦强加的一系列限制。

在克劳塞维茨的时代,摩擦概念是自然科学中的一个主要问题。18 世纪关于物理世界既有的观点由重物之间的吸引力解释。但两种物体之间的相互摩擦,或者说摩擦力,在这种世界观下却无法得到解释。将某物置于一架倾斜的飞机上将会发生什么?当摩擦力被克服,它早晚会滑落。只要依靠天体力学的法则,便不可能计算这种情形可能发生的时刻和速度。摩擦的概念粉碎了有关世界的流行观点,因为处在摩擦状态中的倾斜飞机与假想的[82]支配星球的无摩擦力运动的法则并不相容。在克劳塞维茨写于莫斯科战役之后的作品中,绝对战争同时被视为一种处在边界线上的案例和构建的点。现实围绕着这个点转,但无法到达这个点。同样的问题在当时的数学中得到了讨论,其形式为从无限小的距离向微积分中的极限的过渡。②

耶拿战役后作为"理想"的绝对战争的概念,和莫斯科战役之后作为受到摩擦限制的调整性理念的战争概念,这两者的区分可以通过以下方式搞清楚。在第一种情形下,关键是要抓住绝对的和压倒性的摩擦:

> 铁一般的意志力可以克服这种摩擦;它粉碎了任何障碍,

---

① Clausewitz, *Der russische Feldzug*, p. 129.
② Timo Baumann, *Friktion und Chaos*, *Clausewitz und das naturwis‑senschaftliche Weltbild*. In Zeitschrift für Geschichtswissenschaft 8, 1997, pp. 677 – 695, 关于这个问题,参见页 679 – 680; Michael Wolff, "Hegel und Cauchy. Eine Untersuchung zur Philosophie und Geschichte der Mathematik", in Horstmann, R. P. and Petry, M. J. (eds.), *Hegels Philosophie der Natur*. Stuttgart, 1986, pp. 197 – 263, on this point pp. 197 – 198.

也损耗了机器……高傲精神的坚定意志力支配了战争的艺术，就像方尖碑统治了它耸立其上的城市广场。(119)

在第二种情形下，人们需要记住什么是可能的和可以感觉到的。现在是"本能和机智"使有经验的官员，比如一位"出入上流社会的人"，在任何情况下总能做出恰当的决定，下达必要的命令。多年的经验和实践意味着一名官员不用真正去想就懂得，有时摩擦可以克服，有时则不能(120)。

虽然莫斯科战役之后概念化的差异看起来似乎很小，但实际上却是根本性的。首先，借助"铁一般的意志力量"，摩擦得到了克服——在这里克劳塞维茨描述了拿破仑的军事天才，尽管没有直接提到他的名字。但决定性的问题已经间接地提了出来。长期来看必须付出的代价是，尽管障碍破除了，但"机器"本身也损耗了；也就是说，拿破仑的军队将在莫斯科战役中被摧毁。我们已经看到了莫斯科的阴影，也许也看到了滑铁卢的阴影。在莫斯科战役后，问题不再是不惜任何代价克服障碍；本能和机智决定了在每一种情形下行动的正确路线。

基根是克劳塞维茨最严厉的批判者，他有一个与克劳塞维茨的理念相当的公式，即战争的可以设想的极端状态被实际生活的"摩擦"所限制。但基根显然并未意识到克劳塞维茨已经提供了同样的公式。克劳塞维茨说，战争总是受到限制，这不是因为人们想要如此，而是因为大自然决定了这一点。李尔王[83]在指责敌人的过程中，可能威胁过要"做这样的事——尽管我知道这些事眼下并没有做出来——但这些事应该是世界的恐怖状态"；但正如处于困苦情况下的其他统治者发现的，恐怖的世界难以想象。资源匮乏，天气恶化，季节更迭，朋友和盟国的意志衰退，人性本身可能也反感冲突带来的种种艰辛。在困厄的情形下甚至好战的人也可以想象"世界的恐怖"，在面对这种恐怖时，这些说法可能显得愤世嫉俗。基根有关战争和暴力总是受到自然规定的限制的结论应该这样来理解:理论上可以设想的极端暴力在现实中受到外部条件的限制。克劳塞维茨通过强调理论上要求的极端和真实战争中的限制之间的区别,也持有同样的立场。①

克劳塞维茨比基根更明确,因为他考虑到了限制暴力的人和社会两方面条件,也考虑到了"自然"条件。对他来说,区分可以设想的极端和真实战争的关键是时间和空间限制、政治世界中与之前事件的关联,以及对战后想要实现的政治情形的计算。在这里,克劳塞维茨也谈到了一种相互作用,但这一次却是一种走向调和的相互作用,而非走向极端的相互作用;这就将走向极端的冲动带回到一定范围的努力之内(78)。

然而,正是滑铁卢之战迫使克劳塞维茨提出了一个在根本上全新的战争的概念化。正如我们已经展示的,他在分析1815年比利时战役时这样做,这场战役以拿破仑最终战败告终。在写于1827—1828年的文字中,克劳塞维茨批评拿破仑未能将战败控制在滑铁卢,而从此刻开始,特别是在他的笔记中(标注日期是1827年7月10日),他强调战争的双重本质。在此仍然需要考虑到战争从一种类型向另一种类型的过渡,"但必须时刻认识到,这两类战争的目标差异巨大,由此带来了不可调和的方面"(69)。

对克劳塞维茨的战争理论来讲,这句话的重要性怎么强调也不过分。在笔记中,当他从"两种类型的战争"出发,计划对《战争论》进行修订时,便意味着他不再将战争视作一个整体,并因此也不再有一种统一的战争理论。战争不再只通过战斗的概念[84]被定义,

---

① Keegan, *History of Warfare*, p. 75; Clausewitz, *On War*, pp. 119–121. 但有点麻烦的是,在基根讨论指挥的书中,在所有那些人中,他对希特勒作为一个指挥官的能力给出了令人奇怪的正面评论。John Keegan, *The Mask of Command*, London, 1987.

因为对滑铁卢战役的分析表明,有两种在形式上有着根本区别的战争,它们通过不同方式发动。在第八篇的后面部分中,克劳塞维茨提出了他从两种战争的区分中得出的结论。他说,到目前为止,他已考察过战争与其他个人和社会利益之间的差异。他说,造成这种差异的原因,要从人类的本性中去找。

现在,他的目的是要识别在实际生活中将这些相互矛盾的因素结合在一起的统一体。克劳塞维茨解释说,有必要一开始就明确强调这些矛盾,单独考察这些战争的不同因素。但它们的统一体却通过如下概念得以把握,即战争只是政治交往的一部分;也就是说战争绝不是自主的。在提出这一点后,克劳塞维茨引入了那个著名的公式:战争只不过是政策通过其他手段的延续。他提出"通过其他手段",并且同时主张,这一政治交往不会因战争而终止;其本质继续存在,而不会转变成不同的东西。战争中的各种事件发展的主线,将各种事件结合在一起的主线,是"贯穿整个战争直到随后的和平的政治主线"(605)。

让我们总结一下迄今为止的论述。克劳塞维茨最初认为拿破仑的革命战争不存在限制,但当他看到并非如此时,他开始意识到政治条件的重要性,因为它影响了滑铁卢之战的结果。在滑铁卢之后,克劳塞维茨不再运用唯一一种战争的概念,因为他的理论必须吸纳两种在形式上根本不同的战争;正如他在笔记中说,必须将这些不可调和的元素分离开来。如果战斗不再能提供一种统一的概念化,那么克劳塞维茨就需要一个范畴,这个范畴能让他将作为一个整体的战争概念化。他在政治的概念中找到了这一范畴。即便不同形式的战争之间存在内部冲突,政治的压倒一切的任务是使一种统一的战争理论再度成为可能:

> 唯有以这种方式考察战争,其统一性才会重现;只有在那时,我们才能看到所有战争都具有同样的性质。(606,强调为

原文所有)

克劳塞维茨修订其作品之意图的这两个方面,两种类型的战争,以及政治的有限性,在内容上来讲是彼此从属的。[85]两种形式的战争彼此对立的方式迫使他提出一种能将这一对立包含在内的战争理论。但是,《战争论》的第八篇和第一篇第一章之间仍然存在差异,对此我们将分别加以处理。

五 "奇妙的三位一体"作为一个不同的战争概念

之前存在的针对克劳塞维茨的战争概念的所有解读,都认为其战争概念必须在同三种走向极端的相互作用的关系中才能理解,正如《战争论》第一章开头所说的那样。在此基础上,克劳塞维茨的学生们通过不同方式,继续研究了这一概念在他笔下的地位,并且研究了战争的理论和"真实战争"之间的关系。后一个概念有时(在阿隆那里)与"奇妙的三位一体"联系起来,这一概念引入于《战争论》第一章的末尾,在那里还讨论了三种趋向,即走向原始暴力、机会和盖然性的作用,以及政治的优先性。因为绝对的、极端的暴力已经完全划归为理论,而"奇妙的三位一体"则划归为真实的战争。三位一体自身曾被认为对战争的概念来说并不重要。这种解读忽略了重要的一点:克劳塞维茨明确谈到了"奇妙的三位一体"是他的战争概念。第一章的最后一句话提到"奇妙的三位一体",他在那里强调"我们已经表达出来的战争概念在理论的基本结构的基础上散发出了第一缕光芒"(89)。①

---

① 在此必须重新提及,在德文原文中,没有与英文 Preliminary[预备性的]一词对应的词,这个词是霍华德和帕雷特插入的。

在此也存在对这句话的不同解读空间：在此的用词是否就是指"奇妙的三位一体"？我个人的观点是，这个联系很明显。他说他必须单独考察战争理论如何"保持平衡"，如何在构成"奇妙的三位一体"的三种趋向之间来回游移这个困难的问题。他的目标是提出一种能满足现实需要的理论。正是在此语境下，他谈到了他构建的战争概念（89）。因此在第一篇第一章中存在两种截然不同的战争概念。克劳塞维茨发展了第一种概念，是为了澄清[86]抽象的绝对战争和历史现实的战争之间的差异与距离。第二种战争概念，也就是"奇妙的三位一体"，是将战争作为整体进行概念化的尝试。

紧随其后，在第一篇第二章，克劳塞维茨说他现在想要考察意图、目的和手段之间的关系。为了做到这一点，他想"暂时性地……考察纯粹的战争概念"（90）。他在此所说的"纯粹的战争概念"不是指"奇妙的三位一体"，而是指他在第一章开头使用的战争概念。克劳塞维茨在第一章开头和结尾都说到战争概念，由此赋予了"奇妙的三位一体"另一维度：它本身需要理论的身份。第一章以考察克劳塞维茨描述的"定义"为开端，接下来在与三种走向极端的相互作用的关系中对战争进行概念化。但在这一章结尾，他谈到了理论的后果，并且谈到了作为他的战争概念的"奇妙的三位一体"。

克劳塞维茨在这一章开头提出的定义，也就是"奇妙的三位一体"，和三种走向极端的相互作用之间有怎样的关系？第一章是克劳塞维茨唯一修订过的章节，在这一章中他试图以聚焦的方式总结他的理论观点，以及他有关战史的反思和他的战争经验。在此，他的目的是要勾画出他的整个著作将要遵循的方向。

如下假设是说得通的，这就是，假设这个定义，即在三种走向极端的相互作用的内部形成的战争概念，和作为理论后果展示出来的模型（"奇妙的三位一体"）可以兼容，至少在一定程度上可以兼容。但我们发现，在克劳塞维茨的著作中，这一定义，也就是那个最初的概念，以及"理论的后果"彼此之间却不兼容。定义开启了一个工具性维度,(在三种走向极端的相互作用中的)最初的战争概念不能同暴力和战斗的极端分离,而奇妙的三位一体则将战争理解为由相互冲突的不同趋向构成。

　　克劳塞维茨的概念化仍然模棱两可。我们必须总结指出,他从未成功地将他的概念化中的相互冲突的元素作为统一整体的部分整合起来。尤其是,将暴力的绝对和极端描述为战争的概念已经导致了两个问题:它已经对解读[87]克劳塞维茨产生了不良影响,并且同他在第一章中讲述的其他内容矛盾。如果再加上那个著名的公式,虽然这个公式没有明确作为一个定义呈现出来,但它具有定义所需的一切特征,我们可以看到,这里没有任何方式可以使他的定义,同在三种走向极端的相互作用的语境下的原初概念、公式以及理论后果,彼此兼容。

　　对于这里展示出来的两难困境,可以有如下解决办法。如果我们假定,克劳塞维茨想要运用的战争概念只有当我们获得"奇妙的三位一体"时才能得到表达,那么,实际上就可以将整个第一章读作能够导向这一战争概念。从这一解读中可以得出如下结论,这就是不应指责克劳塞维茨在著作一开始就以独断的方式引入了一个战争概念。他所做的不过是引入纯粹的战争和真实的战争的定义、相互作用和区别,引入有关政治目标的争论,以及第一章中的其他内容,通过这种方式,他发展出了他希望真正起作用的战争概念。正是在这一理解的基础上,为克劳塞维茨的作品提供基础的战争概念,出现在第一章的末尾就完全合乎逻辑,在那里,它是对整部著作进行修订的出发点。

第三部分 运用克劳塞维茨 超越克劳塞维茨

第四章 克劳塞维茨的遗产:三位一体

> 根本区别在于:战争并不像机械技术那样,是一种指向无生命的对象的意志活动,也不像艺术中人类的精神和情感,是活生生的,却也是被动的和任人摆布的,在战争中,意志指向的是活生生的而且能做出反应的对象。
>
> 克劳塞维茨《战争论》(149)

[91]克劳塞维茨的理论基于对战争和暴力的动态理解。他的后期著作中一个核心的主题是追问,"在战争中发生和消失的这种活生生的力量之间的冲突是否服从于一般法则,这些法则能否作为行动的有用指引"(149-150)。克劳塞维茨的思想中并不存在对于任何形式的本质主义,或者将战争追溯到人类学或博弈理论(如冯·克勒韦尔德认为的)的暗示。"(各种力量在紧张和运动的过程中发现自身所处的)危机状态"并非战斗中异常的存在,相反,"危机是真正的战争"(222)。

克劳塞维茨生活在一个发生着根本性变动的年代,他并未试图抽象出任何类型的战争的恒久不变的本质。他强调战争的动态性,并且将观察到的变化作为分析核心。他在最后撰写的文本中的一部中总结道,"大多数人"宣称无法"为战争艺术建构一种科学的理论","因为这里涉及的事务,是任何永恒法则无法说明的东西"(1)。这一对战争的动态理解是克劳塞维茨战争理论的特点,这一点在《战争论》的第一章中也得到了体现。这一章被认为是克劳塞维茨的"遗嘱"(阿隆),是其真正的遗产。

克劳塞维茨在《战争论》第一篇第一章中并未使在他的理论观念中确立的那些对立失去效力。在这一章中,他试图将四项基础性的对立结合起来,使它们成为内在一致的进路的一部分:这就是,战争走向极端和升级[92]与对于战争的限制之间的对立、对于战争的生存性理解与工具性理解的对立、进攻与防御作为解除抑制的体现和自我保护作为解除抑制的体现之间的对立,以及最后,暴力的优先性和政治的优先性之间的对立。克劳塞维茨在做此尝试时提出了一个观念,他将自身战争经验中的对立属性作为他对现象进行理论性的概念化时内在的出发点。在眼下这一章和接下来的一章中,我将会提出一种必要的详尽解读,以明确解释内在于这一进路中的那个体系。

在整个第一章,克劳塞维茨都在解决一个基本问题:他说,"活生生的暴力冲突"不能通过"机械性的技术",即狭义的工具性思维把握。在这种类型的思维当中,意志活动处理的是"无生命的对象"(主体与客体的关系)。即便通过"艺术",冲突也无法得到很好的考察,因为在这种情形下,意志活动处理的是有生命的对象,但这个对象"尽管是活的,却是被动的和任人摆布的"。在此,战争中的敌人被视为一个物(对这类进路最好的描述是根据战略范畴来思考[149])。

因此,对克劳塞维茨而言,战争中的行动"就像出现在抗拒性因素中的运动"(129),因为它包含着敌对双方,他们是活生生的,会采取行动,对彼此的行动做出反应,而且双方各自的行动从来都无法预测。趋向于极端和趋向于限制的相互作用会削弱战争中具有生机的那些行动的重要性。而所有这些行动都受到了敌人行动的影响。因此,第一章内容的内在逻辑就包含了不同形式的行动,它可以根据行动和对抗行动之间的对立来解释。

在本章中,我将首先考察究竟是什么赋予了克劳塞维茨的第一章以独特品质。之后,我将阐述"奇妙的三位一体"及其内在的限制。然后，我将讨论这个"三位一体"与战争（三个部分构成的）的定义之间的关系。第一章中相互竞争的有关战争的概念化可以被解释成作为行动与对抗行动的序列。在引入这种基本区分之后，就有可能根据克劳塞维茨的论述，并在他所说的内容之外，结合最初有关战争的三个部分构成的定义和战争的三重属性，以一种统一的方式对战争进行概念化。

一 第一章的特殊品质和"奇妙的三位一体"

[93]在克劳塞维茨评论《战争论》的最后的那些笔记中，他强调这部著作尚未完成：

> 在我死后，人们将会发现的这些论述战争行为的手稿，像目前这个样子，只能被看作对建构理论所需材料的搜集。其中大部分我并不满意。(70)

但在同一个文本中，他也强调，《战争论》第一篇第一章是个例外："我认为第一篇第一章是全书唯一完成的一章。这一章至少可以指出我在全书中遵循的方向。"(70)

在有关克劳塞维茨的文献中，第一章的重要性一度存在争论：它是否提供了理解全书的关键？例如，斯通普夫（Reinhard Stumpf）试图指出，由于自身的人格结构，克劳塞维茨可能永远无法完成这部著作。斯通普夫想要表述的是，由于克劳塞维茨内在分裂的个性，他永远无法完成这部书。但关于克劳塞维茨对自身著作的评价，阿隆有截然不同的看法，他将这个评价置于1827年笔记的语境中，克劳塞维茨在那里谈到了他想要对《战争论》进行根本性修订的意向。①

计划中的修订包含两个方面:两种不同的战争和"战争无非是国家政策通过其他手段的继续"这一公式。② 克劳塞维茨写道,如果这一点"在所有地方都得到了坚持",就会赋予对这个问题的全部讨论以一致性。就"不受限制的"和受到限制的两种战争而言,克劳塞维茨强调说:

> 在我的讨论中,当然会出现这两种战争的过渡,但这两种战争有完全不同的目标,这一事实在任何时候都必须得到澄清,并且,它们互不相容的那些地方也要得到揭示。(69)

当我们回头来看第一章的内容时,可以清楚地看到,这是他真正修订过的内容,正如他曾经宣称自己想要做的那样,这就意味着,他能将其视为唯一完成的一章。

克劳塞维茨的个性是否意味着他永远也无法完成这部著作,他是否想要对其进行根本性修订,有关这些问题的争论在与《战争论》的文本内容的关系中有着重要意义。要紧的不是我们看到的这本书[94]是否完成这一抽象的问题,而是其他一些东西。如果我们接受斯通普夫的观点,我们就必须"协调"这本书各部分之间的那些明显的冲突。从内容方面讲,这种解释将

---

① Reinhard Stumpf, *Kriegstheorie und Kriegsgeschichte. Carl von Clausewitz. Helmuth von Moltke.* Deutscher Klassiker Verlag: Frankfurt, 1993, pp. 693 – 694; cited as Stumpf, *Kriegstheorie*;斯通普夫强调了"克劳塞维茨的自认为失败的主观感觉",因此,他想要挑战帕雷特在他的 *Clausewitz and the State* 一书中的论断, Princeton University Press: Princeton, NJ, 1976, pp. 431 – 440。在另一方面,阿隆强调了克劳塞维茨想要修订《战争论》的重要性,以论证早期克劳塞维茨和晚期克劳塞维茨存在差异,参见阿隆, *Den Krieg denken*, p. 92ff。

② 第一章,页87,霍华德和帕雷特将其译为"通过其他手段",尽管德文本中在这两种情形下说的都是"用其他手段"(mit anderen Mitteln)。

搏斗、斗争、战斗视为战争的本质,视为它的统一性和不变属性的基础。在斯通普夫编辑的文本中摘录了克劳塞维茨和普鲁士总参谋长毛奇的作品,在这本书中,他自始至终试图将毛奇视为更重要的军事理论家,这就相当于对克劳塞维茨重要性的公然曲解,也因此,他只将克劳塞维茨的著作还原为一本有关如何发动战争的指南而已。《战争论》的意义明显不止于此。但只有通过将《战争论》还原为一本单纯讨论这种问题的书,斯通普夫才能将毛奇视为比克劳塞维茨更重要的作者。①

如果换一个角度,论证在克劳塞维茨的著作中存在彼此对立的方面,这些对立的方面可以被置于其思想发展的不同阶段,从这个角度出发就可能会强调他在笔记中提出的两个主要观点:其一是两种不同的战争,也就是受到限制的和不受限制的战争,构成了两个极端,其二是政策的优先性。正如我想揭示的,克劳塞维茨想要修订《战争论》的意图的这两个方面不能彼此分割。如果后期克劳塞维茨的战争观认为战争由两种不同战争的对立决定,战争就不再能通过战斗的统一性来描述。因此,就需要引入第三个要素,以重建战争理论的统一性。克劳塞维茨在第八篇中以如下战争理论为形

---

① 这与斯通普夫的如下论述相一致,这就是,他将1872年的笔记与未出版的笔记文本置于附录中,在这两个文本中,克劳塞维茨都称他的作品没有完成。在斯通普夫之前,几乎所有编辑者都根据玛丽·冯·克劳塞维茨的提示,将这两份笔记置于《战争论》正文之前。斯通普夫同样以一种奇特的方式论证了他对文本的选择,他将《战争论》的第四篇至第七篇都省掉了,认为这些部分是过时的;然而,他将《战争论》第一篇的第三章出版,以表明克劳塞维茨不仅"过时",而且在军事上"落伍"了,"有时枯燥无味",并且"单调"(同上,页679)。在斯通普夫省略的《战争论》第六篇与第七篇中,克劳塞维茨提出了有关防御与进攻的一些根本问题,并且认为,防御优先于进攻。与斯通普夫类似的论述还可见于 Robert Hepp, *Der harmlose Clausewitz*, *Zeitschrift für Politik* 25, at pp. 303ff. and 390ff.。他们都想将克劳塞维茨的战争理论缩减为一种有关攻击与作战的观念。

第四章　克劳塞维茨的遗产:三位一体

式展示了这个要素,这种战争理论认为,战争是国家政策通过其他手段的延续。

在这个方面,我的论证与阿隆相同:第一篇第一章提供了克劳塞维茨战争理论的指导原则、主要线索和内在结构;并且,我们可以以此明确《战争论》作为整体其不同部分之间的关系。但与阿隆不同,我认为1827年的笔记和第一章的内容之间有着极大区别,后者至少有部分内容是后来撰写的。这一点与笔记和第一章末尾引入的"奇妙的三位一体"之间的区别有关。尽管笔记强调战争不过是政策通过其他手段的延续,但这个概念化仅仅是在后期的"奇妙的三位一体"之内的三种倾向之一,而且这三种倾向在原则上有着同等的重要性。①

[95]之所以会出现大量相互龃龉的解释和克劳塞维茨担忧的"半吊子的批评",绝不只是因为《战争论》尚未写完(70)。除此之外,第一章以一种凝练的方式几乎囊括了克劳塞维茨战争理论的所有重要元素。在这一章中,克劳塞维茨采取的进路之一就是,再度提出战争的理论和现实之间的对比,这在第八篇的开头部分发挥了重要作用。"政治将决定战争是否具有受到限制的品质,抑或具有一种绝对的倾向",这一假定在早前的文本之中同样有所记录。进攻和防御的对立的重要性,以及其真正的逻辑对立的概念化(我认为这具有核心意义),是克劳塞维茨在未标注日期的笔记(70–71)和第一章中强调的,同样也可以在《战争论》第六篇的相关章节中找到。其他文本也简要谈到了目的、目标、手段的合理性,并且在第一章的一个早期草稿中也有对走向战争升级的相互作用的一种看法,这种看法和出版文本中的看法几乎相同。②

---

① Aron, *Den Krieg denken*, pp. 103–115.

② See also Clausewitz, *Gedanken zur Abwehr*, 22.12 and 27.12.1827, in *Verstreute kleine Schriften*, pp. 493–525, and Clausewitz, *Schriften II*, p. 630ff.

因此,我认为第一章中的这些方面提供了一条指导我们洞察克劳塞维茨的战争理论的线索。但我们不能仅局限于此。如果认真看待克劳塞维茨的自我评估,就必然要问:从内容来讲,第一章究竟有何特定品质? 在此仅仅有一项要素是在第一章中明确提到了的,尽管与其相关的问题从克劳塞维茨进行战争理论研究的一开始就引起了他的注意。这就是战争的"奇妙的三位一体"。克劳塞维茨在第一章末尾,通过引入这一概念,总结了相关探讨,这一概念因此可以被理解为他的"盖棺定论"和遗嘱,是他的真正遗产。克劳塞维茨在后来也对这个概念进行了一些补充评论,但这些评论都并未作出第一章中的那个结论,也就是对战争的理论性反思。

对比已知的最终草稿和公开出版的文本,便可以发现第一章究竟在多大程度上作出了修改。在讨论搏斗、最初的由三部分构成的定义、导致升级的相互作用,以及理论战争和真实战争的区别方面,草稿和出版的文本之间几乎没有差别,但在草稿中,其他因素,例如政策的重要性、走向缓和的倾向以及进攻与防御的区别只被简要提及。而且,[96]在草稿中,根本没有提到"奇妙的三位一体"这一概念。①

那么,克劳塞维茨是如何将"奇妙的三位一体"概念化,作为"战争理论的结果"的? 战争不只是"一条真正的变色龙,其特征与特定情形相适应"。作为"一个总体现象,它的支配性倾向使战争成为非常引人注目的三位一体"。克劳塞维茨称其

> 包括最初的暴力性,仇恨感和敌忾心,这些都可看作盲目的自然冲动;包括机运和偶然性的作用,在这里,创造性的精神得到了自由涌现;包括从属性的要素,也就是作为政策的工具,这使战争仅仅服从于理性。(89)

---

① Clausewitz, *Schriften II*, pp. 630 – 636;对观《战争论》,pp. 75 – 89。

克劳塞维茨接下来强调：

> 这三种倾向……深藏在它们的主题中，尽管它们在彼此关系中不断变化。任何一种理论，只要忽视其中一种倾向，或者想任意确定它们之间的关系，就会立即和现实发生矛盾，以致毫无用处。因此，我们的任务是提出一种使这三种倾向维持平衡的理论，就像一个物体在三个引力点中间保持平衡一样。(89)①

关于这个"奇妙的三位一体"，人们首先注意到的是，克劳塞维茨谈到了战争作为政策工具的从属性（就像在"战争是政策通过其他手段的延续"这一著名公式中一样），但他也仅仅将这一点作为战争的三种倾向中的一种，其中每一种从原则上讲都拥有与其他两种同等的地位。而且，这三种倾向不仅在克劳塞维茨的观念中享有同等地位，其中的两个也同样表达了一个根本性对立，这就是，一方面，战争包含原有的暴力性、仇恨感和敌忾心，这些可看作盲目的自然冲动；另一方面，它是政策的工具性载体。原有的暴力性与仇恨感和敌忾心结合起来，像一种盲目的自然冲动，同时战争又是政策的从属工具，一种理性的工具——这些同等的倾向构成了一种对立，无法与彼此直接结合。间接地看，"奇妙的三位一体"包含了进一步的对立。克劳塞维茨将三种倾向中的第一种——也就是原有的暴力性、仇恨感和敌忾心——与它们应该被视为"盲目的自然冲动"的陈述相结合。与之相对，这些倾向中的第二种则被描述为机运和偶然性的作用(89)。

[97]我们可以排除如下可能性，即克劳塞维茨的言辞有时

---

① 我们已经提过，与霍华德与帕雷特的译本相反，"奇妙的三位一体"或许是 wunderliche Dreifaltigkeit 的最好表达，同时，"流动"（floating）一词可能较之"平衡"一词能够更好地表达这一关系的动态属性。

是生动形象的,因此,他将"奇妙的三位一体"仅仅视为一种比喻,或者完全没有意识到在三位一体中至少有两种倾向是对立的。同样可以排除的是,这一观念反映了他对概念的运用有时是不准确的。我也不同意斯通普夫,他认为克劳塞维茨使用这种宗教式的概念只是为了便于描述性地来理解,而且克劳塞维茨之所以添加"奇妙的"这一限定词,是为了否定它可以为其提供正当化的功能。我同样拒绝如下可能性,即这一观念不过是他之前思想的残留。从克劳塞维茨有关"理论上的后果""深藏在它们的主题中""我们的任务因此就是……"这些评价中,可以清楚地看到,这些假设都不正确。

然而,最重要的是,克劳塞维茨强调了这一理论进路需要与真实的战争相对应。忽视三种倾向中任何一种,或者想要在它们之间确定任意关系的理论,将会"和现实发生矛盾,以致毫无用处"(89)。在将战争概念化为政策通过其他手段的延续采取的方式(第一章第24–27节)之后,克劳塞维茨将这一公式整合到了一个更完备的整体中(第28节)。这是一个有力的证据,它驳斥了认为克劳塞维茨不再能处理自身论证的复杂性的看法。这些章节之间的断裂如此清晰,克劳塞维茨也必然意识到了这一点。我们必须承认,克劳塞维茨著作的大部分评论者们都忽略了这种断裂,因为他们太过专注于第一章开端设定的走向极端的相互作用,并且太过专注于有关战争的那个著名公式。

克劳塞维茨强调"奇妙的三位一体"及其三种倾向的方式显而易见,以至于我们不禁要问,为何现有文献很少关注这个问题。一些作者已经指出,克劳塞维茨持有一种纯粹工具性的战争观,尽管这一点明确表述为只是奇妙的三位一体中三种倾向的一种。这种矛盾在阿隆的解读中尤为明显。阿隆特别强调了"奇妙的三位一体",并将以对于三位一体的概括作为总结的第一章视为克劳塞维茨的"遗嘱",但他同时也主张,克劳塞维茨的最终立场以政治的普遍优先性为特征。① 这些[98]解读可以通过诉诸前面章节中克劳塞维茨的那个著名公式对这一立场的表达得到解释(87)。但是,如果战争,就如同那个公式表达的,是政策通过其他手段的延续的话,它便直接对立于将战争仅仅概念化为"奇妙的三位一体"的三种倾向中的唯一一种。

将对作为政策延续的战争进行一般性概念化,与"奇妙的三位一体"协调起来,几乎不可能通过其他方式实现。在"奇妙的三位一体"中,战争由最初的暴力性和它作为政治工具的从属性的对立构成。我们也可以换个说法表达这一点,这就是,政策的优先性在"奇妙的三位一体"中并未被取消,它仍然存在,而且得到了再度强调。但必须承认,克劳塞维茨并未说明他是如何得出这个"奇妙的三位一体"的,也没有针对它提供任何详尽的讨论。尽管如此,必须强调,"奇妙的三位一体"代表了克劳塞维茨对于第一章中的那些发现的总结。

即便从"奇妙的三位一体"是理解《战争论》第一章的关键这一假设出发,我们也仍然需要对概念自身做更详细的考察。当克劳塞维茨宣称,理论必须"如同悬挂在三个磁铁之间的物体一样"时,他就非常清晰地表达了存在于三位一体的三种倾向之间的基本张力。他也强调三种倾向同等重要,并宣称战争由这些不同且相互冲突的倾向构成。问题在于这是否足以描述克劳塞维茨的方法。我们该如何描述这种在相互对立的倾向之间"悬停"的状态?

"奇妙的三位一体"肯定具有宗教背景,但同时它也具有分析的维度。② 在一本当代的哲学词典中,"Dreieinigkeit od. Dreifal-

---

① Aron, *Den Krieg denken*, pp. 103–115.
② 斯通普夫认为"奇妙的三位一体"不过是宗教上的表达,因此在他看来不具有特别重要的意义,Stumpf, *Kriegstheorie*, p. 769。

tigkeit"(也就是三位一体)被定义为一个存在者的理念,这里的一也是三。我们也可能超出这一观念的宗教含义,在这种宗教含义中,我们根据上帝解释它,这里上帝依次被视为创造者(生成原则,也就是圣父)、维护者(再生原则,即圣子)、支配者(指导性原则或神圣原则,即圣灵)。①

就方法论而言,在宗教意义上的三位一体和克劳塞维茨的"奇妙的三位一体"之间有一种直接联系。他将三种倾向中的第一种描述为原初的暴力(primordial violence)。这可以[99]被视为战争的"生成原则"。而在克劳塞维茨的著作中,三种倾向中的第三种是战争作为政策工具的从属性,这意味着它进入了纯粹理性的领域。克劳塞维茨接下来称这种倾向完全属于政府。词典将"作为统治者的精神"定义为一种指导原则。在这些定义中,第三项以政府和理性或者"统治者和精神"为特征。那么,第二种倾向是什么?克劳塞维茨最初将其仅仅描述为机运和盖然性的作用——但这意味着战争变成了一种活动,在此创造性的精神可以自由涌现。克劳塞维茨将这一倾向归结给指挥官及其军队,他们可以被视为真正的战争发动者,他们是战争的维系者。

克劳塞维茨强调,这三种倾向在"奇妙的三位一体"中同等重要,而且每一场战争都由它们构成。但这并不意味着它们之间没有区别。通过将它们同宗教的三位一体对比,我们可以直接得出结论说,两者的"生成""维系""引领"原则并不等同。

---

① Wilhelm Traugott Krug, *Allgemeines Handwörterbuch der philosophischen Wissenschaften*, 2nd edn. Leipzig, 1832 – 1838; 1st edn. from 1827; facsimile edn., Stuttgart, 1972, Vol. 1, p. 645ff., this entry pp. 645 – 646。1824 年至 1825 年冬天,克劳塞维茨参加了浪漫主义哲学家斯蒂芬斯(Heinrich Steffens)的讲座,斯蒂芬斯应格奈泽瑙之邀前往柏林举办人类学讲座,此次讲座极有可能基于他的两卷本同名著作,该著作出版于 1822 年(在 Breslau),以一种对宗教的三位一体的情绪化赞歌结尾。参见 Clausewitz, *Schriften II*, pp. 470, 535。

在此,我们并不愿意过度强调这些原则之间的区分,我们可以得出结论:"奇妙的三位一体"的三种倾向描述了战争的三个完全不同的维度,在每一场战争中,这三个维度作为一个整体共同发挥作用。

二 "奇妙的三位一体"与克劳塞维茨战争"定义"之间的紧张

整个第一章被分解为两个由三部分构成的战争的概念化,这一概念化出现在这一章的开头和结尾处。克劳塞维茨将其描述为"定义"和"理论的后果"。在这一章末尾,克劳塞维茨将"奇妙的三位一体"描述为理论的后果,但在这一章的开端却将战争定义为:"因此,战争是迫使敌人服从于我们意志的一种暴力行为。"(75)对比这两种对于战争的概念化,我们会发现一些共同特性和根本区别。在我看来,在这一章末尾讨论的"奇妙的三位一体"吸收和发展了最初的那个由三个部分构成的定义。最初的定义得到了丰富,也出现了分化。而且,"奇妙的三位一体"也根据在这一章中论证[100]展开的方式得到了说明。阿隆批判了最开始提出的由三部分构成的定义,但他却为我的解读提供了间接支持。阿隆认为最初的定义仍然包含在"奇妙的三位一体"的所有三个要素中。我也同意他的观点,即随着第一章论证的推进,最初定义出现了分化(differentiation)和丰富。①

然而,不同于阿隆,我认为最初的定义并非由两个部分构成,在这一章的最初几部分中使用的概念亦非仅仅涉及战争极端的非现

---

① Aron, *Den Krieg denken*, pp. 106 – 111.

实性、抽象性和绝对性。我们当然理解,阿隆想要矫正对克劳塞维茨的误读,即误以为克劳塞维茨倡导将极端的和绝对的相互作用视为战争的理想形式,但在这样做时,阿隆并未领会到克劳塞维茨的分析的分化属性。在此不妨仔细考察一下我们在第一章开端和结尾发现的两种有关战争的由三部分构成的概念化之间的关系。两者都指向相同的三个概念领域,但在每一种情形下,都可以识别出特定的对立关系。在最初的由三部分构成的定义中,克劳塞维茨宣称,暴力是我们的手段,而强迫敌人服从于我们的意志则是战争的(政治)目的。为了确定能实现这个目的,我们必须解除敌人的武装,而这一点——根据理论——在克劳塞维茨的观念中是军事行动的真实目标。暴力作为理性的手段、意志作为政治目的、强迫敌人服从于我们的意志和解除他们的武装是目标:这些就是构成最初定义的三个元素(5-7)。这就意味着在最初的定义和第一章末尾的"奇妙的三位一体"之间共享了三个概念领域,即暴力/武力、强迫敌人、使敌人服从于一国意志的政治意图。①

在最初的定义中,暴力被概念化为工具,但在"奇妙的三位一体"中,克劳塞维茨谈到了最初的暴力,它必须被视为盲目的自然力量。在定义中,在我们迫使敌人服从我们的意志这方面发现的各项元素是走向极端的相互作用和战争升级的必然性和逻辑;而在三位一体中,这就是"机运和盖然性的活动"。此处涉及的三个同等的概念领域中的两个都因此以基本的对立作为特征:暴力行动的工具性的合理性与最初的暴力性之间构成对立,战争升级的必然性和逻

---

① Aron, *Den Krieg denken*, p. 104:本章的要点是从两个部分构成的战争定义("战争因此是一种使用武力迫使敌人屈服于我们意志的行为"),过渡到一种"由三个部分构成的战争定义",阿隆将这个定义等同于"奇妙的三位一体"。他继续写道:"在分析的这一初始阶段中出现的那些句子,从概念的层面上讲,并不适用于整体";同上,页105;Gerard Holden 翻译。

辑与机运和盖然性[101]的作用构成对立。而第三个概念领域,即政策领域,乍一看,并非以这种对立作为特征。

当克劳塞维茨考察这两个由三部分构成的概念化时,并未明确指出在政策的概念领域中存在对立,但大部分研究文献认为克劳塞维茨至少有双重的政治概念。① 在此我不想提前预告本书第六章中对政治概念的更集中的分析,而仅仅提及它的两个维度。首先是主观确定的政策,它不同于基于客观的社会条件对政治的理解,第二个是将政治理解为为权力而斗争,而与那种建立在妥协和利益均衡的能力基础上的立场构成对立。如果我们想要在这里运用克劳塞维茨来超越克劳塞维茨,就可以看到最初定义的每一个概念领域,看到那种走向极端和走向限制的相互作用,看到与暴力和武力、战斗和政治这些概念领域相关的"奇妙的三位一体",而战争就是由这些概念领域的相互冲突和交互作用构成的。

在此不妨概括一下我们就第一章结构的论述。第一章包含两个由三部分构成的战争概念,克劳塞维茨分别在"定义"和"理论的后果"这两个标题下来展示它们。我们可以发现,那个著名的公式在文本中并未得到同等程度的强调。第一章的开端和结尾所提出的这两个概念化,表达了相同的三个概念领域——暴力/武力、战斗和政治。这三个概念领域中的每一个都或明显或潜在地根据一组特定的对立关系得到了描述:

1. 作为工具手段的暴力/武力,与之相对的是最初的暴力。
2. 导致绝对和极端的倾向,对于战争升级的需要和逻辑,与之相对的是,在战斗和冲突中的机运和盖然性的作用。

---

① 参见例如 Dan Diner,Raymond Aron,Herfried Muenkler 和 Panajotis Kondylis 等人的著作。

> 3. 主观的政策，与之对立的是客观条件。此外，政策在这里是在获取权力与协定或法律的对立中，最终是在有关战争的工具性理解和生存主义的理解的对立提供的紧张关系的框架内被规定的。

[102]这些对立关系中的两端，可以被理解为相对立的两个边界。战争就是由这些边界规定的，同时随着这些边界的中间点而移动和发展。克劳塞维茨在整个第一章设定的对立，以及他区别两者的方式，才是他对战争真正的概念化。两者的构成方式以及它们彼此的对立规定了每一场战争，尽管这种规定的形成方式是：它们在每一种情形下形成方式不同，并且，具体的对立中某一端可能会占据主导。这些对立的极端就是每场具体战争发生的边界。我们可以将最初由三个部分构成的定义和"奇妙的三位一体"的关系做如下总结：尽管根据概念领域的内容，两者之间存在对应关系，但它们中的每一个要素都以具体的对立关系为特征。除此之外，不同概念领域的规定之间，存在某些有限的参照关系。

但这恰恰就是克劳塞维茨进路中的真正张力之所在。因此，正是对于作为手段的暴力的概念化，为战争的工具性的最初定义提供了说明。但是，在三位一体之中，这种工具性却存在于政策领域而非暴力领域。强迫敌人服从的概念领域中的朝向绝对和极端的倾向，与作为自然的盲目力量的仇恨感和敌对意图相对应，但在这一章的末尾，这些又出现在暴力的概念领域中。这两个定义之间的对照表明，在每一个定义中，三个要素并不简单地同时存在于那里，彼此之间没有关联，虽然表面上看是这样。的确，在对战争的两个规定中的任何一个中，三个要素之间没有直接关系，但在从中可以识别出来的概念领域之间却存在关联。

三 借助行动和对抗行动的区分重建第一章

究竟该如何解决我在《战争论》第一章的开端和末尾处发现的两种有关战争的概念化？这种对立是否无法调和？即使我们能假定，[103]克劳塞维茨直观地或者遵循"对象的本能"（类比他的著名的"判断的本能"），感受到在第一章中战争被视为存在敌对关系的彼此竞争的对立之间的一种统一体，但这也并不意味着是对于他的立场自身的支持。

我建议借助以对抗行动（counteraction）作为后继的那种行动的理念，来论证《战争论》第一章中相互龃龉的有关战争的概念化。①尽管我不认同弗拉特（Ernst Vollrath）的观点，即认为战争中的行动可以被还原为一种对抗行动，且他将战争的工具特征整合到了这一观念中，但是，他对行动和对抗行动的区别成为我们理解《战争论》第一章中有关战争的相互龃龉的概念化的关键。

克劳塞维茨并未明确地表达这一区别，但却将其作为他的理论进路的进一步发展的潜在基础。这一区分的根本意义在《战争论》第一章的开端就已经很明确。战争的最初定义假定了一个通过使用武力强迫敌人服从自身意志的主权者或独立主体。另一方面，在相互作用中，意志从未被视为主权者。克劳塞维茨强调："我们不再是自己的主宰：他们［敌人］对我们提出要求，正如我们对他们提出

---

① Vollrath, Ernst, "Neue Wege der Klugheit. Zum methodischen Prinzip der Theorie des Handelns bei Clausewitz", in *Zeitschrift für Politik* 31, 1, 1984, pp. 53 – 76, and Vollrath, Ernst, "Überlegungen zur neueren Diskussion über das Verhältnis von Praxis und Poiesis", in *Allgemeine Zeitschrift für Philosophie* 1, 1989, pp. 1 – 26.

要求一样。"(77)克劳塞维茨称,对于主权者的限制是分两步出现的,第一步是,相互作用意味着没有人是"自己的主宰":没有人是自主的。第二步是,每一方都对另一方提出要求,没有哪一方可以摆脱这种要求。

在第二章中,克劳塞维茨更明确地表达了这一思想:"如果他[敌人]选择通过大规模战斗做决断,那么他们的选择就会迫使我们违背我们的意愿采取同样的方法。"(98,强调为原文所有)在最初的定义中,克劳塞维茨通过宣称战争是强迫敌人服从我们的意志从而来界定战争。但在第二章中,他却宣称,即便是那些违反我们意愿的行动,在战争中也是必要的。

对克劳塞维茨而言,"行动"是由我们自身意志的自主性和责任规定的。对抗行动则是另一方对假定的或真实的行动作出的回应,并且,仅仅因为该行动的结果"违背我们的意愿"而产生。在人类活动的背景下,每一项行动都由行动的两个维度所规定:个体意志的自主性和责任,以及与之相对,不同的对抗行动的"相互作用"。前者不能被放弃;而后者是根据它们[104]自身的逻辑运行的,并且,它们之间彼此联系。在战争中,这两种类型几乎不能分离开来,因此,这种区分就无关乎具体的行动形式。如克劳塞维茨所述,它表达了同一个语境的不同维度或"倾向"。

我是从弗拉特的著作中获得行动和对抗行动的这一区分的,但这一区分需要得到进一步的拓展和分化。弗拉特主张,行动可以视为政治的一部分,但是,战争在本质上由对抗行动规定。他强调,并非所有对抗行动都采取战争的形式,但战争当中的所有行动都属于对抗行动。行动作为一个整体主要涉及争端而非一致。他认为,这就是达成一致的需求在增长的原因。所有行动都会遭遇来自他者的行动。这种"共同行动"的结果同样取决于人类对它的追求并不是共同的——相反,一方的行动总是针对另一方的行动。

弗拉特将对抗行动的可能性理解为每个社会存在的基本前提

条件。我们可以在理论上设想,这种可能性是可以被消除的,但也会因此产生一种危险,即使人类之成为人类的许多特性归于消失。在理论中,这种可能性的消除通过原教旨主义者对同一性的需要而产生,并且在实践中通过使用暴力摧毁敌人的抵抗意志而实施。但是,理智(good sense)的特征首先使人类集结在一起,而这是通过暴力所做不到的。继而,也可假定,和他人一起,通过采取对抗行动,从而对抗用来使其屈服的暴力,这是有可能的。弗拉特沿着类似的线索与索夫斯基争论,他将人类采取对抗行动捍卫自身和抵抗的能力看作每个社会自由的基本条件。①

克劳塞维茨定义中的行动和对抗行动

行动和对抗行动的区别可借助最初的那个三部分组成的定义得到解释。克劳塞维茨指出,战争是用来迫使敌人服从我们意志的一种暴力行为。这个定义是在行动的自主性层面上起作用的。如果超出[105]这一概念化,对抗行动的维度就会立即显现出来:战争涉及的不仅仅是一个试图通过使用暴力行为而将自身的意志强加给他者的行动者,而是两个彼此战斗的对手。克劳塞维茨使用决斗的形象解释这一点。即使在他提出这一定义本身之前,他就强调了战争和决斗之间的联系(75)。

在决斗这一相互的对抗行动中,可以得出一种根本区别:决斗双方及其采取的对抗行动可能对称,也可能不对称。为了把握这种对称关系,克劳塞维茨使用了两个人摔跤的形象,每一方都想将对方摔倒在地。在此,我们就处于对抗行动的层面,每一方的行动尽

---

① 这段话是基于 Vollrath, *Theorie des Handelns*, pp. 56–58(参见之前的注释); G. Buck, "Über die Identifizierung von Beispielen", in *Hermeneutik und Bildung*, München, 1981, p. 101; and Sofsky, *Traktat*, p. 137ff.。

管指向对方,但却属于相同类型:"每一方都力图通过物理性的力量强迫对方服从自己的意志。"(75)这种对称的对抗行动必须与另一种非对称的对抗行动区别开来。我们不妨回到被克劳塞维茨作为出发点的那个最初定义。这个定义表达的理念是强迫对手服从自己的意志。但在战争当中,对手不愿意这样做,他们会反抗。在这个层面,就出现了我们所说的非对称的对抗行动。

在第二种互相作用中,克劳塞维茨指出,战争不是活生生的力量针对死的物质产生的影响。相反,因为完全的不抵抗根本不是战争,战争总是两股活的力量的冲突。① 我对《战争论》第一章的解释,看到了战争的工具属性,看到了暴力作为一种手段,取决于与之对立的一方的意志。另一方面,在"奇妙的三位一体"中,战争作为不同倾向构成的复合体,可以通过如下事实得到解释,即存在两个(或者更多的)对手,在冲突中,双方都试图主张他们(各自不同的)的意志。战争作为一种工具和暴力,作为一种手段都取决于行动,而这一点又同目的、目标和手段之间的关系相关。行动和对抗行动最终产生了一种单独存在的相互作用的理性化,它不在任何一种情形下服从于个体意志。克劳塞维茨在"奇妙的三位一体"中理论性地表达了这一点。

简言之,我们可以说,区别在于战争并非只是强迫敌人服从自己的意志。它是一种战斗,其中对立双方都想强加自己的意志,或者其中一方想要阻止对方强加意志给他。[106]克劳塞维茨有关战争的原初定义的这种分化使得问题的三个方面得以区分:

    1. 参战双方的设想和基于个人自由意志采取的工具性行

---

① 克劳塞维茨在这里和在对相互作用、摩擦等等的多处提及中,都使费拉特的区分得到了确认。关于这一点没有什么好补充的。但我并不同意弗拉特的如下假定,他认为战争中的一切行动都是对抗行动,并且认为克劳塞维茨有关战争的工具性特征的讨论可以直接被纳入一种有关对抗行动的理论中。

动的设想。

2. 敌对双方的对称的相互作用的分析。每一方都想使用暴力强加自己的意志给对方。双方都想强加自己的意志,因此就产生了如下契机,这就是,最终结果是个体不再能自己控制自己,甚至必须违背自身的原初意志去行动。

3. 不对称的关系,在其中——根据克劳塞维茨的定义——敌人被迫服从我的意志。但这也暗示了一种克劳塞维茨在第一章开端并未公开表达的思想,即这个对手会因为他不想被迫服从于他者的意志而捍卫自身。

克劳塞维茨宣称战争不过是一种决斗,如此开启整部《战争论》。尽管接下来他通过引入"大范围的决斗"理念和三个部分构成的定义使这一原初概念发生了分化,但他在这里所做的不过是强调敌对双方的对称关系。而在决斗概念中,这种对称的假设有更深层次的影响。克劳塞维茨在这里的论证反映了 18 世纪的政治理论:任何国家都有权发动战争。这一概念假定发动战争的权利是国家主权的一个方面,从而不同于中世纪的"正义战争"理念。这种对称性给它带来了一种正当化战争的倾向,但也造成了其他后果。它大体上承认了对手是 iustus hostis[正义之敌]——即和自己一样,因此,敌人也不会被认作罪犯。战争中敌对各方相互平等,这一假定是尊重战争法的基本前提。①

---

① Carl Schmitt, *Der Begriff des Politischen*, 第 6 版, Berlin, 1996, p. 29ff. 亦参 Muenkler, *Gewalt und Ordnung*, p. 71ff。施米特的战争理论有时看起来类似于对立双方的对称与不对称的基础对立的进一步区分;也可以参见 Diner, Dan, "Anerkennung und Nicht‑Anerkennung. Über den Begriff des Politischen in der gehegten und antagonistischen Gewaltan‑wendung bei Clausewitz und Carl Schmitt", in Dill, *Clausewitz in Perspek‑tive*, pp. 447‑464; cited as Diner, *Anerkennung und Nicht‑Anerkennung*。

在防御概念的语境下,克劳塞维茨以一种截然不同的方式对战争进行了概念化。他认为,如果从哲学角度研究战争,就可以看到,战争的概念从防御开始。克劳塞维茨指出:"从本质上讲,战争的概念并非从进攻开始。"他也注意到,战争源于防御而非进攻(377)。防御以战斗[107]为直接目的,因为防御和战斗显然是一回事。防御是为了打退进攻,因此它必然以进攻为前提。另一方面,进攻指向占领土地,这就是进攻的"积极目的"。克劳塞维茨指出,现在就可以明确,在进攻和防御的相互作用之外,在何处可以发现一个"固定的点"(fixed point),这就是在防御中(377)。通过指出这一点,克劳塞维茨在对决斗的对称性和两极性的说明中,引入了一个重要限定。在此也存在政治的内涵。如果在战争的概念化和防御的概念之间建立一种紧密关系,我们就拥有了一个基础,在此基础上,可以指出战争可能存在 iusta causa[正当理由]——正义的理由——也可以指出,进攻者可能是在犯罪。

索夫斯基也吸收了克劳塞维茨认为战争始于防御而非进攻的观点,他指出,入侵或占领并非斗争,只有当一方开始抵抗进攻时,斗争才真正开始。进攻是为了占领和征服、入侵和胜利,而非斗争。只有防御是为了斗争,为了抵御入侵者,为了捍卫它拥有的东西,为了对抗来敌。索夫斯基总结说:"这就意味着抵抗和斗争是一回事。"想要消除斗争的暴力性,就必须剥夺人类抵抗的能力。①

克劳塞维茨将强迫敌人服从我们的意志和不允许敌人强加意志于我们转换为进攻和防御的对立原则。在《战争论》第一章论证的抽象层次上,克劳塞维茨将攻击和防御视为对立原则,而非战争中的战略、战术或作战概念。不必说,战争中的行动不能简单地被划分为这些倾向,这当然也不是我在此区分的意义和目的。此处的要点是,这种区分可用于重构克劳塞维茨在第一章中展开论证的方

---

① Sofsky, *Traktat*, p. 139.

式。接下来,我们可以识别出自主行动、对称的对抗行动(对立双方在互相作用中的平等性)和不对称的对抗行动(强加自己的意志于对方和抵抗使自己屈从于对方意志的尝试)的序列。在这里,我将进一步使用这种区分,对第一章进行逐节考察,以解读克劳塞维茨从战争定义向"奇妙的三位一体"的过渡,从而获得对于他的谜题更清晰的看法,并揭示其中的奥秘。

第一章中的行动与对抗行动

第1节

[108]克劳塞维茨从将战争概念化为"大规模的决斗"这一概念开篇(75)。这一对于战争的规定的理论地位也许仍会引起争议,在此它表达了对于"纯粹的"对抗行动的一个最为普遍的概念化。但在对立双方或他们的行动之间,并没有做出任何区分。

第2节:定义

克劳塞维茨继续——最早地——单独考察对立双方中的每一方。"每一方都力图通过物理力量迫使对方服从自己的意志",这就导致他得出了如下结论:"因此,战争是迫使敌人服从我们的意志的一种暴力行为。"(75)这一定义意味着战争对于双方来说都是一种暴力行为,目标是通过实施一种他自身决定的具有意图、目标和手段的行为,强加自己的意志于对方。每一方的意志最早都被单独考察。

第3-9节:相互作用

在下一节中,克劳塞维茨回到了"战争中的行动从来不会单独发生,而通常会遭遇到另一个行动"这一理念:因为对方也会做出"同样的行动"。在三种走向极端的相互作用中(第 3-5 节)和在走向缓和的相互作用中(第 6-9 节),克劳塞维茨讨论了这种对抗行动的结果。至此,克劳塞维茨的大多数评论者仍然将相互作用的范畴和暴力的极端联系在一起,这就使我们更难理解行动和对抗行动的区别。而如下事实加重了理解上的困难,这就是,克劳塞维茨建构第一章的方式由"在对立双方各自的意志或他们在决斗中的行动意图之间并不存在区分"这一最初的假定规定。对立双方属于相同类型的假定会进一步导致一个假定,即我们需要在与对立双方的每一方和他们独立的意志的关系中对战争进行考察。的确,正是在这一层面上,很难区别行动和对抗行动。

第 10 节

在走向极端的三种互相作用之后,克劳塞维茨引入了理论和现实的区别,但他是根据[109]限制战争的相互作用来对此加以解释的。在导致战争升级的相互作用和限制战争的相互作用的对立基础上,克劳塞维茨总结指出,是概然性的法则在发挥作用:"敌对双方的任何一方都可以根据对方的性格、制度、事态和一般状况,使用概然性的法则,评估对方可能做出的行动或者路线。"(80)

第 11 节:政治对战争的影响

至此,克劳塞维茨才开始考察由对抗行动的对称性导致的问题。现在他回到了相互作用对对立双方产生的影响这个问题上,并且认为,这个对象直到现在一直被趋向极端的法则"掩盖"。只要这一法则"开始失去力量",并且,被概然性的计算取代,战争的政治意图就必然再次显露出来。因此,在这一节中,克劳塞维茨离开了对抗行动的层面,转而考察行动(80)。

在这一节中有一段话可用来解释行动和对抗行动的区别。克劳塞维茨的论证再次使用了战争的工具性,也就是战争作为政策工具的理念,但他以一种非常重要的方式对其进行了限定。政治的意图仅仅被描述为战争的"最初动机"。但当同一个政治意图由不同的民族在不同时期追求时,它便可以产生完全不同的效果。政策对战争的影响被限定在影响"它想要动员的力量"的程度上。在两个民族和国家之间,可能存在"一种紧张"以及"容易引发众怒的东西",以致"哪怕一丁点争吵,也会产生完全不成比例的效果——真正的爆炸"(81)。

这一立场与那个著名公式中的表述——战争是"真正的政治工具"(第24-25节)——构成了直接对立。克劳塞维茨在那里强调,唯一仍然作为战争具体特征的东西,纯粹与使用的手段的特殊性质相关。在一些情况下,战争一旦爆发,无论它可能会多么强烈地影响行动者的政治意图,也只能被视为对这些意图的修正。当克劳塞维茨宣称政治意图是目的,而战争是实现这一目的的手段,手段永远不能脱离目的获得思考时,也强调了这一点(87)。在提出这一看法之后,克劳塞维茨[110]甚至紧接着指出,战前的局势越紧张,战争就越接近它的抽象的和绝对形态;甚至这种类型的战争也在政治方面受到了规定(第25和26节,87-88)。

尽管克劳塞维茨看到国家间的局势如此紧张,哪怕很小的争吵也能引起爆炸(第11节),但他后来却认为,即便是具有走向总体倾向的战争,也仍然由政治决定(第24节)。在此存在一种逻辑矛盾,但这种对立是可以化解的。我的看法是,在后面几节中(第24-26节),克劳塞维茨强调敌对双方中的任何一方要对自身的行动承担责任,即便是在具有走向总体趋向的战争中。

然而,在考察作为对称的对抗行动的形式的三种相互作用时,克劳塞维茨却首度尝试分析它们同最初的那个战争定义之间的关系,那个最初的战争定义着眼于自主性的意志。克劳塞维茨在这个问题上说得非常清楚:政治目标将不仅规定想要实现的军事目标,也要规定它所需的努力程度。但它"本身"不能提供衡量的尺度,因为它只能在"两个交战国家的语境下"才能成为这一尺度(81)。通过这种方式,同一个政治意图才可能产生不同的效果。

在单独讨论了两种类型的行动后,克劳塞维茨在这一节中才首次转而分析行动和从对抗行动中产生出来的契机之间的关系。

第12—14节:军事行动的间歇

在这之后,克劳塞维茨即刻开始进一步分化对抗行动的概念,他通过考察军事行动的间歇引入了这个问题。初看起来,我们会感到奇怪,他本应在第一章的论证的抽象层面上考察军事行动的间歇问题。在眼下对于这个主题的考察的一个令人奇怪之处在于,直到目前为止,第一章的评论者们完全没有意识到这个问题。他们显然认为这是一个特殊的军事问题,并不符合第一章的论证的抽象层次。然而,正如克劳塞维茨所说:"军事行动是否可以停顿,哪怕是片刻?这是一个深入事情本质的问题。"(81—82)[111]这一问题在克劳塞维茨再次开始探讨走向缓和和走向升级的倾向时,开始变得有意思。他一开始就拒绝认为交战双方的均势可以解释间歇(82—83)。实际上,他说,战争双方为避免出现均势所作出的努力可能会带来战争升级的一种新的连续性(第14节,83)。

第15—17节:两极性和进攻与防御的不对称性之间的对立

两种形式的对抗行动的区分甚至更为清晰地出现在第一章的接下来的小节中。至此,克劳塞维茨才区分各方的个别行动和个别意志,与两个平等的意志的碰撞及各方试图将自己的意志强加给另

第四章　克劳塞维茨的遗产：三位一体　　**133**

一方时所导致的对抗行动。现在，他区分了对称形式和不对称形式的对抗行动。他首先再次解释对称性的对抗行动的独特性："在战斗中，每一方都想取胜，这是真正的两极性，因为一方的胜利将会排斥另一方的胜利。"（83）这种对称性在两极性范畴的帮助下获得概念化。接下来，他又将其同另一种形式的对抗行动区分开来，在这另一种形式的对抗行动中，他借进攻与防御的关系的例子展开讨论。

克劳塞维茨称，如果只存在一种作战形式，其中进攻和防御之间没有区别，那么斗争的形式将始终"相同"，他由此展开这一节的讨论。在这种情况下，交战就是一种零和博弈，存在一种"真正的两极性"。一方失败，一方胜利。但接下来克劳塞维茨却强调，进攻和防御事实上不同，力量也不对等。他说，防御是较进攻更强有力的战争形式。这就意味着，战争双方每一方都想要打败对方，这一平等性产生的升级效应，会随着进攻和防御的不同力量而失去作用。"我相信，防御的优越性（如果得到了正确理解的话）是很大的，比初看上来要大得多，这一点可以解释战争中大多数间歇的时间，而不会产生任何自相矛盾。"（84）

同样，我们也可以认为，第一章并未真正探讨进攻和防御。但克劳塞维茨在此注意到了一个更根本的问题，也就是战争中的对抗行动。[112]如果我们引入第二章（在这一章中，他区分了进攻的积极意图和防御的消极意图）有关进攻和防御的区分，对这个问题就会有更深的理解。克劳塞维茨将积极的意图描述为摧毁敌军，却对消极的意图做出了不同描述："抵抗也是一种活动，它应该消耗敌人充足的力量，使其不得不放弃自己的意图。"克劳塞维茨将这种"纯粹抵抗"理解为"没有积极意图的作战"（93）。相较而言，积极的意图就包含着想要将自己的意志强加给他人的行动的努力。

在区分两种类型的行动的基础上，克劳塞维茨总结说，在进攻和防御之间存在一种根本差异。他将这一差异表述如下："在整个战争领域中起支配作用的区分就源于进攻和防御的差异。"(94)他指出,这一差异最普遍的方面在于,进攻试图摧毁敌人的抵抗,防御却有不同的意图:"保存自己军队具有消极的目的,即粉碎敌人的意图,也就是说它相当于纯粹的抵抗。"(98)克劳塞维茨有关战争的最初定义指出,敌人必须被强迫服从我们的意志,但他对防御却有不同的描述,防御是由不允许敌人强加意志于我们而产生的自我保存。

当然,这种区别是相对的。我们可以认为,如果敌对双方的一方不允许敌人强加意志于其身,或试图阻止敌人这样做,这一方也就是在试图使敌人屈从自己的意志。这种相对的平等解释了一种常常变成现实的可能性,即行动和不对称的对抗行动实际上常常彼此交融。但这并不意味着,两种类型的行动的完全不同的属性,以及它们之间的区别就此消失了。在我看来,行动和不对称的对抗行动解释了合理性在物理上和政治上的自我保存中的不同存在形式。在党派斗争中这两种行动形式之间的区别尤其明显:如果"纯粹抵抗"的一方不允许让敌人"打败",就赢得了"胜利"。①

第18-22节:概然性、机运,战争作为一场赌博

[113]在接下来的几个小节中,克劳塞维茨阐述了他从战争中的行动与间歇之间的对立中得出的结论。他指出,军事行动的间歇使战争更加脱离了绝对性,成为概然性的计算,在这种概然性中,机运占据支配地位。由于战争的完全不可预测性,其客观性质和主观现象使它看起来像一场赌博:

---

① Muenkler, *Gewalt und Ordnung*, Der Partisan, pp. 111 – 126,以及 Partisanen der Tradition, pp. 127 – 141。

> 简言之,绝对的所谓的数学的因素在军事上的估算中找不到坚实的基础,从一开始,这里就是各种可能性、概然性、幸运和不幸的相互作用,它们被织进了战争这块织物中,在整个人类行动的范围中,战争最近似于赌博。(86)

在此,我们又接触到了另一个克劳塞维茨所谓的"极端顶点",但这次是机运的极端、赌博的极端,而非暴力的极端。走向极端的三种相互作用由暴力的极端和战争升级的极端逻辑决定,而在此克劳塞维茨却将战争与赌博中的机运的极端相对比。

但是,克劳塞维茨并未简单地对这种不确定性,以及战争取决于幸运或不幸、取决于概然性和不可预测性的方式扼腕叹息。① 正如他理解的,这只是因为战争以一系列不可预测的因素为标志,以至于道德方面的因素,诸如勇气、自信和大胆、"甚至蛮干"都有了意义。"军事艺术是同活的对象和精神力量打交道,因此,在任何地方都达不到绝对和肯定。战争中到处都存在着不确定性。"(86)战争的不确定性还意味着冒险、谨慎、机智变得更为重要。克劳塞维茨总结说,一般来说,这一点最适合人的感情(86)。

第23-26节:著名的公式

在将战争的不确定性和赌博进行比较之后,克劳塞维茨在接下来的小节中强调战争仍然是"为了达到严肃目的而采取的严肃手段"(86)。这是一个明显的主题变化,它将克劳塞维茨带回到了对于战争的政治的概念化的方面。这两个部分的过渡看起来就像论断上的突然转折。这也体现了整个第一章论述过程中的特点。克劳塞维茨注意到了他的主题的每一个方面,并且对它进行了如此充

---

① 但在另一个地方,克劳塞维茨谈到了"剧烈的摩擦"(120)。

分和彻底的考察[114]，以至于将这个论证的内在逻辑引向了一个极端。一旦充分论述了其中某一方面的内容，或者说到达了一种极端，克劳塞维茨就转而讨论这一问题存在的那些对立，或者试图对之前所说的内容进行总结，从而保证论断的连续性。

可以简单地对这个进路做如下解释：克劳塞维茨从在他看来是完整的那个定义开始，引入了与军事行动目标相关的三种走向极端的相互作用，这就引导他走向了极端。接下来，论述突然走向一个不同的方向，正如他提示的，在现实中，永远不可能出现这种走向极端的战争升级。导致战争升级和限制的相互作用着眼于敌对双方同等的意志，并且识别出了它们之间相互对立的效果问题。随后，克劳塞维茨再次改变视角，引入了战争中的敌对双方想要的并非是相同事物的理念，实际上存在不同形式的对抗行动。这就使克劳塞维茨走向了一个新的极端，也就是对比战争和赌博。这也呼唤一种全新的对立：战争不是赌博，而是"一种主要的利益之间的冲突，这种冲突通过流血方式获得解决"（149）。

在第一章的内部逻辑中，克劳塞维茨首先考察了战争双方中一方的行动，接下来考察了那些或对称的（"敌人做了同样的事情"）或不对称的（不允许敌人强加意志于自己的渴望）的对抗行动，之后他再度回到了行动的问题上。他指出，战争应该仍然服从于"具有较高智力"的活动，以便能应对对抗行动的不可预测性（87）。他在此前考察过的对抗行动的持续影响，可清晰地见于如下表述："所以，政策贯穿于整个军事活动之中，并且，就它们的暴力性质能够允许的范围内对战争不断产生影响。"（87）

我倾向于认为，正是在这个表达中，克劳塞维茨作出了有关政策对于战争的影响及其重要性的限度的最好描述。此后他再次改变视角，提出了一个举世闻名的公式："战争无非是政策通过其他手段的延续。"（87）就其内容而言，我们当然不能说，这一对战争的概念化根据第一章中论证迄今为止展开的方式得来。实际上，情况恰恰相反。说战争"无非是"政策的一种延续，[115]这一表述在后来的文献中造成了无数误解。将战争完全还原为政策的工具不仅可能同"奇妙的三位一体"矛盾，甚至在第一章内部也会产生矛盾。

但在我展示的第一章的潜在逻辑中，这个公式出现于克劳塞维茨再次返回到行动层面时。这一点在他的如下陈述中尤其清楚：战争仍然要服从于较高智力的行动，并且具有政治意图。因此，在这个著名的公式中，他所做的无非是强调行动，强调敌对双方中的每一方对自身行动的责任。既然除了最初定义的那个例外之外，克劳塞维茨主要专注于（正如在第一章中）相互的对抗行动，那么，当他返回敌对双方对自身行动的自主性和责任的层面时，他的论证过程就出现了断裂。为保证行动的这个维度与他刚刚讨论过的对抗行动足够明确地区分开来，克劳塞维茨在这一点上有所夸张（极有可能是无意识的），他宣称，战争仅仅是政策通过其他手段的延续。

在公式之后的三节中，克劳塞维茨指出，无论它们表面如何，受到了限制的战争和无限战争都在政治上受到了规定（87－89）。这种论断并不奇怪，因为，克劳塞维茨曾通过诉诸政治环境的改变解释法国大革命中的战争扩张现象，并用国内政治环境的改变解释拿破仑最终的战败。但这一立场却与引入公式之前的最后一句话矛盾，这句话说，"仅就军事活动的暴力性质许可而言"，政策才能影响军事活动（87）。①

在第一章第 11 节，克劳塞维茨强调，即便很小的政治争执，也可能引起真正的战争爆发，并且他强调，同一意图会产生不同效果（80－81）。在公式的语境下，克劳塞维茨却做出了相反表述：甚至

---

① 在德文中，克劳塞维茨甚至更强烈地强调了这一点，他写道："政治将贯穿整个战争形式，并对其有持续影响，但仅就战争自身的暴力性质许可而言是如此。"*Vom Kriege*, p. 210。霍华德和帕雷特译为：战争的"暴力性质"（87），但克劳塞维茨的陈述最好被译为"战争中破坏性武力的性质"。

总体战也仍然受到政治意图的规定。这种矛盾该如何解决？在我看来，只有当我们认为，在公式之前，克劳塞维茨看到了政策的影响受制于对抗行动的契机，这一点才是有可能的。但在提出公式之后，克劳塞维茨却发展出了如下立场：即便无限制的战争也保留一种维度，在这里，敌对双方对自身行动承担责任，而这种维度在对抗行动的强加的相互性之中，并未完全消失。

第27节：战争理论的后果

[116]克劳塞维茨在对政治意图的影响提出完整解释之后，走向了另一个极端。他说，即便是在具有一种成为总体的倾向的无限政治中，战争也受政策规定。这个立场显然在他看来过于极端，所以接下来他马上对其进行了限定。因此他的论证过程出现了另一个尖锐的断裂。接下来的"对立"是引入"奇妙的三位一体"这个范畴，在这里，为政治意图而战的战争的工具性仅仅是具有同等重要性的三种倾向中的一种。

第28节：结论——"奇妙的三位一体"

行动的三个不同维度（行动、对称的对抗行动、不对称的对抗行动）也在"奇妙的三位一体"中有所反映。在战争的概念化当中，行动看起来作为政策的从属性的工具。统帅和军队试图打败对手的活动可被解读为对称的对抗行动："在概然性和机运的王国里，勇气和才智发挥作用的范围"取决于统帅和军队的特点(89)。战争最初的暴力性，作为"奇妙的三位一体"的第三个维度，不能立即以一种明确的方式归类为一类行动。

正如我已经指出的，在他的其中一种对立中，从防御中得出了真正的战争理论："如果我们……研究战争的发生，那么，从本质的角度上讲,战争的概念并不起源于进攻。"(377)①进攻的绝对意图主要是占领,其次才是战斗,防御则由战斗和自我保存决定。入侵或占领不是战争。战斗和战争只有在遭受进攻的一方进行防御时才出现。因此,克劳塞维茨主张,战争出现的方式,它的起源,主要是防御;而这些又受到了对抗行动的实施的规定,之所以采取对抗行动,是为了阻止敌人强加意志于我们。如果我们将最初的暴力性范畴同克劳塞维茨将防御视为产生战争的现象结合起来,就可以认为,防御由不对称的对抗行动规定。这就表明,"奇妙的三位一体"的三个倾向提供了对行动的三个维度的系统反思,这三个维度是:行动、对称的对抗行动和不对称的对抗行动。

四 克劳塞维茨的"遗嘱":
将最初的三个部分构成的定义和"奇妙的三位一体"结合起来

[117]在此概括一下我们在《战争论》第一章的结构的关系中的相关发现。对克劳塞维茨而言,战争由主动、相互的行动构成。《战争论》第一篇第一章是他做的一次尝试,他试图将他对于战争的多元经验和他对战争的本质性动力机制的理解带到一种分析性的综合中。但由于他对世界具有这样一种现实主义感觉,他就不能满足于对战争的片面的概念化。克劳塞维茨具有一种健全的理智,这使得他从那些教条主义的立场中得到自己的战争理论。在第一章中每当他提供了一种对于战争的基本的概念化的充分说明,或者得出其逻辑上的结论时,他就会转向对立的方面,从这个角度出发

---

① 在此处的引文中我省略了"抽象"一词,因为在德文中克劳塞维茨使用了"哲学思考"(philosophisch)一词,但这并不一定意味着"抽象地"思考:"当我们对战争的由来进行哲学思考。"Clausewitz, *Vom Kriege*, p. 644.

考察他的主题的全新方面。

对于解读第一章而言,上述这些内容就意味着,克劳塞维茨将战争概念化为一个过程,它在"奇妙的三位一体"与最初三个部分构成的定义之间的对立中得以展开。这些对立指的是界限性的概念、趋势和维度,它们用以描述每一场战争。这些极端的一极或另一极,凭借历史状况、外在环境和在每一种情形下做出的决定,以对方为代价得以显现。但每一场战争,其特点在于,暴力行动及其"最初的暴力性"的工具理性、行动与对抗行动间内在必然的逻辑的工具理性,以及概然性和机运的作用的工具理性之间对立。战争作为政策通过其他手段的延续本身就取决于一种无法克服的紧张。克劳塞维茨指出,政策对于战争的影响十分剧烈,但他同时也强调,在做出发动战争的决定时,政策也会使用其他手段。

克劳塞维茨在第一章中展开论证的方式主要遵循行动、对称性对抗行动、不对称性对抗行动的逻辑。在他看来,行动是与目的、目标和手段的合理性联系在一起的,行动与它自身的力量手段的关系,以及与敌人之间的关系都是工具性关系,这种关系将其视为一种目标。但由于敌对双方都在做"同样的事情",就出现了一种动力机制,这种动力机制释放了其他形式的合理性。最初,"做同样的事情"会导致一种对称性对抗行动,这种行动所表达的是[118]双方都试图打败对方,它主要与敌人的行动,而非与作为目标的敌人有关。

这种对抗行动的自反性(reflexivity)在导致极端的三种相互作用中,导致了暴力的升级和绝对,而在导致有限战争的三种相互作用中,则通过敌对双方的沟通和时间的推移,导致了暴力的缓和。但这并不意味着,这种发展出了双方都做相同事情的动力机制走向终结。由于双方都在做相同的事,每一方都想要强迫对方服从自己的意志,这就不可避免地导致抵抗行动,这种抵抗行动以表现为决意不让对方强加其意志于我们,并主张自己的意志或特殊品质。最后的这种不对称性对抗行动的概念可与最初的行动概念相联系:不允许敌人强加其意志于我们可以同样好地被解释和描述为是在主张自身的意志,这也正是双方想要强迫对方接受的东西。事实上,行动、对称性的对抗行动和不对称性对抗行动之间的区别不仅区分了不同类型的行动,也在同一类型的行动内部进行了区分。

与克劳塞维茨同时代的黑格尔强调,真理无法仅用一句话来表达。黑格尔的每一项陈述,就如同克劳塞维茨的每一项陈述,都随之召唤它的一项对立。① 正如前面我们引用的,林尼贝奇这样来强调克劳塞维茨提出其理念的方式:"克劳塞维茨提出的陈词和与之对立的陈词就像'砝码和平衡砝码',我们可以说,通过它们的作用和对抗作用,真理的天平就达到了平衡。"②《战争论》第一篇第一章中的陈词和与之对立的陈词是在这一章开端的由三部分构成的定义和结尾处"奇妙的三位一体"。在第一章中,克劳塞维茨描述了暴力/武力、战斗和政治这三个概念领域的相互对立的效果。战争通过这些"界限概念"(Muenkler)得到描述,在克劳塞维茨的论述中,这些界限概念构成了每一场战争,并且,在其范围之内,战争作为一种"之间"(Between)的形式得到了发展。

---

① 黑格尔认为,"以判断为形式的句子不是表达思辨真理的最佳方式"; Hegel, *Wissenschaft der Logik*, Part 1, in Hegel, *Werke*, Vol. 5, p. 93, Gerard Holden 英译。黑格尔的这个论断基于如下看法:像"存在和非存在是同一个东西"这样的句子是不完整的,"同一物"在此得到了强调,它的意思似乎是,在句子中直接表达出来的差异同时是被否定的。

② Carl Linnebach, quoted by Hahlweg in Clausewitz, *Vom Kriege*, p. 1361.

第五章　进攻和防御的两极性和不对称性

> 如果我们要成功创造一个名副其实的政治理论，就只能采取一种类似方式，即将相互冲突的元素进行和谐结合。
>
> 　　　　　　　　　　　　　　　　　　　　　罗特费尔斯①

[119]克劳塞维茨遗产的特征是，它将相互对立的各种趋势放在一起。根据克劳塞维茨，战争由构建了三部分组成的定义和"奇妙的三位一体"的那些对立构成。到目前为止，我的观点一直都是，克劳塞维茨政治理论中的那些对立可参照他自己的战争经历来解释。这就有可能通过区分行动与抵抗行动来解释《战争论》第一章中的对立。本章的主题是克劳塞维茨试图对于对立元素之间的相互作用提供一种系统性的思考。

一　克劳塞维茨及其同时代人思想中的对立

克劳塞维茨意识到，根据对立来定义战争是成问题的，他试图解决这个问题。这方面的证据可以在他的如下声明中发现，他声称自己打算单独撰写一章以讨论两极性原理(83)。但就像他临死之前的很多其他计划一样，这一点从未付诸实施。在他去世前不久写的一篇文章中，他说，"整个物理的自然和理智的自然"以对立的方

---

① Hans Rothfels, *Politik und Krieg*, Berlin 1992, Preface.

式保持着平衡。① 在论述进攻和防守的关系时,他甚至提到了二者之间"真正的逻辑对立",[120]这比一个简单的逻辑矛盾更有意义(523)。

阿隆和帕雷特是迄今为止一些克劳塞维茨最重要的研究文献的作者,他们都强调克劳塞维茨的"辩证"方法。阿隆认为,克劳塞维茨可能会在他想要撰写的有关两极性的一章中披露其方法的秘密。他提请人们特别注意如下事实,即迄今为止没有任何评论者对克劳塞维茨的这个评论进行任何进一步的考察。阿隆指出,计划撰写的两极性这一章将涵盖不同类型的对立,也就是说,它将处理克劳塞维茨方法的具体特征。阿隆认为在这一章中,克劳塞维茨可能将会透露其辩证法的奥秘,②这个也正是在本章中我希望更为详细地考察的内容。

阿隆认为,两极性的狭义概念不能成为克劳塞维茨的基本概念,因为它是与零和游戏的思想紧密联系在一起的。正如克劳塞维茨所说,只有当"积极和消极的利益正好互相抵消"时,两极性原理才有效。在一次战斗中,双方都力求获胜;这才是"真正的两极性",因为如果一方赢则另一方必定败(83)。阿隆区分了搏斗的零和游戏和对立的多种形式,后者是克劳塞维茨使用的几对典型概念。在这些对立中,每个概念可以被看作一极:理论与实践,成功的规模和所冒的风险,进攻和防御。阿隆的结论是,如果想要识别出克劳塞维茨的基本概念,那就是对立(antithesis)。③

帕雷特认为克劳塞维茨的一般方法在性质上属于辩证法。他

---

① Clausewitz, *Die Verhältnisse Europas seit der Teilung Polens*, in Schwartz, *Leben*, pp. 401-417;在原文中,克劳塞维茨的表述是:ganze physische und geistige Natur;英文由 Gerard Holden 译。

② Aron, *Den Krieg denken*, p. 623. 克劳塞维茨似乎在其著作的后面阶段才首次使用"两极性"(polarity)概念。斯通普夫注意到,两极性和连续性的范畴在他 1817 年论军事事态的进展和中断的文章中还没有出现,这篇文章讨论了与之密切相关的话题,参见 Stumpf, *Kriegstheorie*, p. 759。

③ Aron, *Den Krieg denken*, p. 623.

指出,这是克劳塞维茨那一代人都认同的,他们都按诸如矛盾、两极性、主动和被动、正和负的分离和联系来思考问题。两极性原理似乎是唯一可以跨越正与负之间无限距离的东西。在帕雷特看来,克劳塞维茨对两极性以及进攻和防御之间关系的处理方式是当时非常流行的辩证法的变形。①

在克劳塞维茨时代,两极性概念的重要意义何在?歌德对大自然的理解遵循这样的基本原理,[121]即一种力可分为两个对立的极,但随后这两极将重新结合。歌德在1828年写道,两极性和增长的概念是驱动整个自然界的两个巨轮。克劳塞维茨在《战争论》第一章开头的评论正是依照了这个方法论原理:从搏斗的两极性中,他推出了在三种走向极端的相互作用中暴力的自然强化(75-77)。黑格尔强调,现代人发现两极性有着"重大的意义"。

在这一阶段,在这个生活环境、观念、思维习惯和政治条件都发生了根本变化的时代,对立是否应该被看作一个整体,或者是否只能强调新与旧之间的对比,是一个重要的问题。1811年,莱文(Rahel Levin)这样描述这个问题:"在这个已破碎的新世界,留给那些愿意理解人们的唯一的东西……就是学问英雄主义。"②

在此存在需要区分的两极性的不同方面。例如,谢林强调,要在对立的表象背后寻求我们必须追求的隐藏的同一性,并且他将两极性理解为世界的法则:"可以先天地确定……在整个自然界,相互

---

① Paret, *Staat*, p. 187.

② 在给格奈泽瑙的信中,克劳塞维茨提到了他正想归还的那本书,并且谈到了他手中有歌德和席勒之间的通信,这些信出版于1828—1829年,他在信中说,自己仍然在阅读这些信件。参见 Clausewitz, *Schriften II*, p. 550; *Briefwechsel zwischen Schiller und Goethe in den Jahren* 1794—1805, 6 vols., Stuttgart, 1828 and 1829. 亦见 Stumpf, *Kriegstheorie*, p. 761. Hegel, *Vorrede zur zweiten Auflage der Wissenschaft der Logik von* 1831, in *Werke* 5, *Wissenschaft der Logik I*, p. 21。在 *Staat*,页14,帕雷特援引了 Rahel Levin 的观点,所有英译文由 Gerard Holden 译出。

对立的真正原理正在起作用。"谢林认为,如果这些对立的原理被结合在一个物体中,就会赋予这个物体以两极性。在另一方面,歌德更加强调在对立面之间存在一种充满活力的紧张:"自然的生命就在于使统一的东西分裂开来,使分裂的东西统一起来。"①

对克劳塞维茨产生了最重要影响的是启蒙运动、观念论和浪漫主义这些理性主义潮流,以及自然科学的那些发现。克劳塞维茨很早就从康德的追随者基塞韦特那里学到了理性主义。他在柏林生活期间,费希特和黑格尔的观念论在知识界占主导地位。还必须提到的是,克劳塞维茨在1829年花了数周阅读歌德和席勒的通信。此外,1824—1825年的冬季,他参加了浪漫主义哲学家斯蒂芬斯(Heinrich Steffens)的讲座,并且倾听了自然学家洪堡特(Alexander von Humboldt)的讲座,后者的讲座标志着1827年德国自然科学新的繁荣时期的开始。②

[122]克劳塞维茨吸收了其同时代人所有的思想倾向,并将其运用于自己的战争理论中,这些思想有助于他反思自己的战争经验。可以说克劳塞维茨的立场正是在上述四种思潮构成的领域中浮现出来。每种思潮都启发了他,但他本人的观点并不能追溯到这些思想中的任何一种。通过这种方式,克劳塞维茨能够发展出他自己的独到观点,而不只是对那些对立面及其统一的重要性的命题(这些命题在他的时代得到了非常广泛的讨论)的单纯变体。

克劳塞维茨思想中的两极性

在克劳塞维茨的全部著作中,只在四处出现了两极性概念。第

---

① *Historisches Wörterbuch der Philosophie*, Vol. 4, I – K, Basel, 1976, p. 934.

② Clausewitz, *Schriften II*: on Steffens, pp. 470 and 535;关于洪堡特,参见页534,关于歌德与席勒之间的通信,参见页550,更广泛的讨论亦见Paret, *Staat*。

一处是在他早期撰写的《战术战斗原则指南》(*Leitfaden zur Bearbeitung der Taktik der Gefechtslehre*)一文中,出现在其中一节的标题中,这一节讨论的是同时和相继使用军事力量的问题。在这一节中,克劳塞维茨指出,理解两极性的规律很重要。有两种使用军事力量的方法,即同时或相继使用。它们可以被理解为相平衡的两极。① 第二次使用两极性概念是在他有关俄罗斯战争的报告中。在此,他用这个概念来阐明拿破仑和他的对手库图佐夫(Kutuzov)都希望在博罗季诺战役后不发生另外的战斗。②

两极性概念的第三次出现是在克劳塞维茨生前未发表的一部作品中。这是他为打算撰写的关于两极性章节草拟的一个准备性提纲。在此,克劳塞维茨强调,两极性绝不仅限于描述一组对立,并且他强调,两极性也意味着两个极之间的平等。他说,军事作家的作品里经常提到这样的规则,即战争的一方应该总是要去做对方想做的事情的反面,但这不过是对事实的扭曲。这条规则很容易欺骗那些粗心大意的人。在这里,错误的,或者至少是被误解的前提是,双方指挥官从来不会欲求相同的事,并且总是有相互对立的欲望。确实,双方的活动总是对立的,趋于相互抵消。由此,似乎就可以得出,[123]一方得到的任何优势将当然地成为另一方的劣势。然而,只有从个体的角度来看,而不去考虑整个语境,这个观点才是正确的。

相对于与整体相关的那些对立,克劳塞维茨将情势(situation,也就是德文中 Elementarteilchen)中的个体性因素的两极性置于次要位置;他认为,起决定作用的不是最终各个部分的两极性,而是整体的两极性:"最完整和最必要的要素是最终目标和最高的统一,各

---

① Clausewitz, *Vom Kriege*, p.1146.(在霍华德和帕雷特的版本中并未译出。)

② Clausewitz, *The Russian Campaign*, p.157:"常见的利益的两极性。"亦参 Aron, *Den Krieg denken*, p.622。

方平衡相消。"①在这份草拟的提纲中,克劳塞维茨想要解决的主要问题是,为什么战争中的双方会将同一件事情看作对自己有利,并能在这方面——尽管他们之间存在对立——追求同样的利益。由此他就限定了两极性中的对立(尽管对立仍然存在),并将侧重点置于两极之间的平等上面来。

克劳塞维茨最后一次提到两极性是在《战争论》第一章,在那里他发展出了一个"真正的两极性"的概念:"当我们认为双方统帅的利益程度相同并彼此对立时,我们就承认了真正的两极性。"(强调为原文所有)他指出,只有当两极性被认为与同一对象相关时,正面的利益和负面的利益完全相互抵消,两性才有效。他进一步指出,如果双方只有"进攻"而没有防御,战争将永远是一样的:"在这样的作战中,对一方有利的恰好对另一方不利,这里就存在两极性。"(83)恩格斯在思考吸引和排斥关系时遵循了同样的思路(这一点最初由康德强调)。他说,这些力量完美地相互抵消,而这种情况,作为一种必然性,从两极性分布的属性中产生:两个磁极如果不处在彼此平衡的状态,就不会成为真正的两极性。正如上文提到的,阿隆将这种形式的两极性描述为一种零和博弈,也就是说,一方的增益意味着另一方的损失。②

如果我们更仔细地观察克劳塞维茨的文本,就可以看到,他真的是在与零和博弈的理念的关联中使用两极性概念;但他这样做只为了在随后远离这一想法。他认为,当我们谈到两个在外部有着共同关系的不同事物时,[124]是这种关系而非事物本身

---

① 黑格尔在他的《逻辑学》中,强调了极其类似的进路;Hegel, *Logik I*, *Werke* 5, p.112; Clausewitz, *Schriften II*, pp.661-662:"所要追求的是最终的目的以及最高统一,二者相互抵消。"

② Friedrich Engels, in Marx, Karl and Engels, Friedrich *Werke*, MEW 20, Berlin 1961 ff., p.361; Aron, *Den Krieg denken*, pp.622-623. 零和博弈的概念可表达为 $(+A)+(-A)=0$。

具有两极性。克劳塞维茨在对俄国战役的分析中提出了两极性的概念:"两极性涉及的只是目的,而非手段。"第 16 节的标题指出,进攻和防御的类型不同,力量也不相等,因此两极性的理念似乎并不适用于它们。但很显然,克劳塞维茨在这里的意思是,两极性作为一个零和博弈并不适用于进攻和防御。尽管他确实解释说,进攻和防御的两极性可以在决策中发现,这是它们都力争实现的(83-84)。

克劳塞维茨因此区分了两极性之内的两个元素。他最初强调,两极之所以结合,是因为它们是属于一个支配性总体的元素。在这方面,进攻和防御没有区别,两者都是战争的正当元素。他描述道,当两极性原理只有在被认为适用于同一物体时才有效。在此后不久,他强调,(进攻和防御)的两极性通过两极之间的关系描述,而不是通过作为"物"的两极(83-84)。① 反过来可以说,克劳塞维茨两极性的概念以高度对称为特征,并且暗示了两极之间的相似性或力量方面的平等。他继续指出,真正的两极性只有在如下情形下才会出现,这就是一方在战斗中获得的优势可能在另一方面是同等劣势(83-84)。两极的平等通过它们的对称性表现出来,但克劳塞维茨强调,这些都不是"物",不是物体。他的这种区分是什么意思呢?

用磁铁的例子解释两极性

为了澄清两极之间的对立涉及的是否是作为"物"的两个极,还是它们之间的相互关系,可以借助于磁铁的例子。黑格尔将自然科学的一项发现引入他的著作中,即截断磁铁也不会导致两极分离。如果截断磁铁,我们得到的不是单独的南北两极,而是不止一对南北极,不

---

① 有必要记住帕雷特的如下评价:在这个时期,人们相信唯有两极性才能克服正与负的无限距离;Paret, *Staat*, p. 187。

止一个磁铁。克劳塞维茨将两极性理解为相反两极之间的关系,而不是不同"物体"之间的关系。根据这一观念,[125]南北两极的统一确实使它们成为密不可分的统一体,即第三实体,磁铁。① 磁铁两极的平等不是物质的或具体的。南极或北极不是一个物,一个物体,而只是作为一整块磁铁不可分割的统一体。这就是克劳塞维茨强调的,两极性由关系而非事物本身确定。因此,存在一个第三实体,它越过并超出两个极,但它绝非位于两极之外;它由两极关系中的对立性决定。

通过将两极的对立作为一个统一体,并考察由磁铁形成的磁场,我们可以非常清晰地感知这个模型。当那些极端不被视为物、物体、物质等等的时候,构成了两极性模型结构的动态元素也展示了它的全部范围。这种解释与黑格尔有关磁性的哲学概念化的立场相对应,他的哲学立场将磁性理解为一种纯粹非物质的形式。② 如果两极性对立中的极被理解为物体,那么,物体的概念必然意味着一种分离。因此,就会出现逻辑上的自相矛盾,即将一个统一体归为同一关系中的物体之间的对立。克劳塞维茨在对两极性的讨论中明确指出,两极性只能被认为与同一个物体有关。这就意味着,很简单,这种对立关系中的两极本身并非物体。

---

① Hegel, G. W. F., *Enzyklopädie der philosophischen Wissenschaften II*, § 312 – 313, in *Werke* 9("例如磁体的北极是不能切割下来的";"即便有人将磁铁一分为二,那么,任何一块都是完整的磁铁",页 205)。有关两极性的一般问题,参见黑格尔,同上述,pp. 202 – 217。另一方面,马克思则这样来理解磁铁中两极的问题:它们的统一体中包含着一个极的形成。*Marx - Engels - Werke*, *MEW* 1, p. 29.

② Hegel, *Enzyklopädie II*, *Werke* 9, § 312 附释, p. 205。另一方面,斯通普夫在讨论克劳塞维茨第三种相互作用的第一种意义上的战争概念时,也忽视了这一点。他将其解释为是"根据实体范畴来思考"。Stumpf, *Kriegstheorie*, pp. 742 – 743.

在克劳塞维茨的时代,数学领域有一个非常类似的问题,在康德后,它也成了一个哲学问题,这就是,在哲学的基础上如何提供负数的内容。如果存在正数,且零被理解为"无",那么,什么是负数?它是一种比无更少的数?康德试图通过将正数和负数看作关系而非物质来解决这个问题。①

以上是所有克劳塞维茨关于两极性这个主题的论述,我现在想要通过考察他的同时代人的工作演绎他可能的意图,这个人就是维尔布兰德(Johann Bernhard Wilbrand)。维尔布兰德在吉森教授解剖学、生理学和自然史,他也是镇上植物园的负责人。1819年,他识别出了下列两极性的元素,②他说,两极性是:

[126]1. 两个实体之间的对立,每个实体都预设了另一个实体的存在,其中一方只有同另一方对立时,才具有自身的特征性含义;

2. 这种对立在第三个实体中的内部统一体;

3. 上述提及的第三个实体因其自身特性,包含了对立,从而达致统一,这种统一无法离开对立而存在。

维尔布兰德的论证方式非常接近克劳塞维茨在"奇妙的三位一体"中使用的论证方式,维尔布兰德总结说,两种特征无先后之分。在总结当时的自然科学知识状况之后,他立即强调了对立和在更高整体中的那个不可分割的统一体。他写道,最终可以表明,电场和磁场现象都依赖于一种内部对立。这种对立的本质是,彼此相反的

---

① Immanuel Kant, *Versuch, den Begriff der negativen Größen in die Weltweisheit einzuführen*, in *Vorkritische Schriften bis 1768*, Vol. II of the Werkausgabe, edited by Wilhelm Weischedel, 2nd – 7th edition. Frankfurt, 1991, pp. 799 – 819.

② Johann Bernhard Wilbrand, *Das Gesetz des polaren Verhaltens in der Natur*, Giessen 1819, 导论部分。

力都是属于同一个整体的部分。维尔布兰德认为两极性概念最重要的方面是,它指向于只存在于同一整体中的对立。①

对维尔布兰德来说,两极性的概念对应于"自然的动态视角"。这一自然的视角可能会认为物质是两种相对力量相互作用的结果,或将自然现象描绘为对立的结果。维尔布兰德将自身的立场同原子论明确地区分开来。他说,当我们追溯物质起源时,原子论与动力论的差异就变得很明显。随后维尔布兰德明确提到康德,他指出康德已经表明,所有物质只能被看作两种相互冲突的力量的产物。② 克劳塞维茨的两极性观点和维尔布兰德的一样是动态的,并且以潜在地拒绝原子论为特征。

让我们来总结一下克劳塞维茨有关两极性的说法。虽然两极性包含一种对立,它构成了作为整体的第三实体。这第三实体是一个整体,不管它是由两极关系规定的磁铁,还是战争。克劳塞维茨认为战争的特点是进攻和防御之间的"真正的逻辑对立"。这种对于物体的识别只能这样存在,因为在这种关系中的两极都不是"物体"。甚至以暴力手段将这种相互依存关系的两个部分分裂开来也不会导致对立两极的真正分离,而只会增强它们的潜能。当克劳塞维茨强调两极性时,他就是在表达他提出的有关战争的动态观念。

---

① Ibid., §19, p.12, §6, p.4, and §12, p.5;均由 Gerard Holden 翻译。
② Ibid., §22, pp.13 - 14 and §7, p.5. 维尔布兰德还简单讨论了两极之间的对立和数学中正数与负数之间对立的对应关系。克劳塞维茨也讨论了"正面的"和"负面的"利益(83)。沃尔夫特别强调了对于数学中相互冲突的量的概念化和黑格尔有关矛盾的概念之间的关联性。参见 Michael Wolff, *Der Begriff des Widerspruchs: eine Studie zur Dialektik Kants und Hegels*, Königstein, 1981。

二 "真正的逻辑上的对立"的概念

[127]阿隆认为,克劳塞维茨在他想要撰写的有关两极性的章节中将会透露"他的方法的秘密",我不完全同意。虽然两极性的确是克劳塞维茨理论的一个重要部分,但他并未止步于此。在克劳塞维茨看来,如果只存在一种战争形势,即进攻敌人,在这里,一方的优势总是另一方的同等劣势,才能出现两极性。为了解释战争的多样,解释战争并不总是只由同一场战役组成,克劳塞维茨引入了进攻和防御的范畴。这些范畴在某种意义上,在其相互关系中是两极对立的,但同时它们也有本质区别,并因此是某种不同于两极性的东西。克劳塞维茨表达了这种紧张,他指出,两极性不能应用于作为物的进攻和防御,而只能应用于它们的关系中(83)。[①] 这意味着他的进攻和防御的概念超出了纯粹的两极性。为了强调这一差异,克劳塞维茨说,两极性"不存在于……进攻和防御本身,只存在于它们想要实现的目标之中,也就是决断之中"(84)。

克劳塞维茨强调,在"真正的两极性"中,斗争的形式将是"相同的"。尽管他提出了有关两极性的一些肯定性方面,他也批评了两极性,因为这一概念不能带来思想上的进一步发展(83–84)。克劳塞维茨对"纯粹的"两极性的限度展开的批评可以通过和黑格尔观点的比较来做出解释。[②] 虽然黑格尔在两极性问题上也持有非

[①] 另一方面,斯通普夫认为,由于进攻与防御的差异,两极性的概念不适用于它们,参见 Stumpf, *Kriegstheorie*, p. 761。

[②] 关于黑格尔与克劳塞维茨之间的关系,参见 Andreas Herberg – Rothe, "Clausewitz und Hegel. Ein heuristischer Vergleich", in *Forschungen zur brandenburgischen und preuβischen Geschichte*, 1, 2000, pp. 49 – 84。

常肯定的观点,在他的论述中有一些观点也导致他批评这一概念。① 其中最重要的是:

1. 黑格尔对如下事实展开了批判,这就是认为在两极性中没有从统一到对立并最终返回同一性的过渡。因此两极性缺乏进一步的发展,因为对立的统一不过是预先假定的。克劳塞维茨以类似方式指出,纯粹的两极性决斗始终都是相同的。

2. 黑格尔认为,在两极性中没有对立面之间的过渡;它们并不彼此渗透。在他自己的战争经验的基础上,克劳塞维茨坚持认为,在战争中进攻和防御可以相互融合。

[128] 3. 在两极性中,两极之间的平等是完全的,所以它们之间并不存在根据内容而出现的可以感知的区别;在黑格尔的批判中,两极性还没有达到形成概念的层次。② 当克劳塞维茨说,进攻和防御不同且力量不平等时,他运用了这一批判。

克劳塞维茨形成了一种超越两极性理念的种种局限性的立场,但同时他也试图吸收其肯定性方面。他将进攻和防御的关系理解为对立的两极,借此理解战争这个统一体。但他认为,它们的区别造就了战争采取的具体路线。因此,进攻和防御之间的关系就使得克劳塞维茨推断出一种模型,他使用这一模型来(至少是潜在地)对在同一身份之内出现的对立统一进行概念化。这个概念化的典型特征通过如下事实得到强调,这就是,克

---

① 正如我已经注意到的,黑格尔认为两极性的发现具有重大意义(无比重要[von unendlicher Wichtigkeit]);Hegel, *Wissenschaft der Logik*, *Werke* 5, Preface, p. 21;黑格尔的积极评价和评论,参见 *Enzyklopädie II*, §312, §313, *Werke* 9, pp. 203–217。

② 但我们必须牢记对黑格尔来说,相互作用作为两极性的一个关键标准,在从属于概念之前,属于最后的一个,也是最高的范畴。参见 Hegel, *Wissenschaft der Logik II*, *Werke* 6, pp. 237–240。

劳塞维茨特别强调进攻和防御的关系;他称进攻和防御为一种"真正逻辑上的对立"。

克劳塞维茨对这个概念做了如下阐释:

> 当两个想法形成真正逻辑上的对立,相互构成补充时,那么,从根本上说它们就相互蕴含。我们思维的局限性可能无法让我们同时理解这两者,并通过对立在其中一方的整体中发现另一方的整体。但是,每一方都会相互透漏充分的信息,从而澄清很多细节。(523)

在第七篇开头,克劳塞维茨称进攻和防御为"真正逻辑上的对立",这是什么意思? 很显然,他不仅将这一"真正逻辑上的对立"同其他形式,也就是正常或通常的对立区分开来;除此之外,他也将这种对立描述为真实的或"真正的"逻辑上的对立。

克劳塞维茨的"真正逻辑上的对立"概念和两极性概念有什么关系? 他认为,进攻和防御是两种不同的事物,拥有不同程度的力量。在被阿隆称为"第二笔记"(Second Note)的文本中,①克劳塞维茨解释说,防御是更强形式的斗争,具有消极的目的,进攻是较弱形式的斗争,具有积极的目的。阿隆认为,这是克劳塞维茨最突出的一组对立。在这里,值得注意的是,进攻和防御的差别在概念中得到把握,这些概念本身离两极对立不远:消极和积极的目的,更强和更弱形式的斗争。在两极性的简单形式中,[129]当两个极绝对平等时,不会有任何进步或发展。克劳塞维茨很清楚地指出,在此情况下,斗争总是相同的。他认为,其他对立(它们本身与两极对立很

---

① 这是以笔记形式出版的《战争论》文本的第二部分。在这里,克劳塞维茨表示他认为这本书只有第一章是完成了的。这部分在英译本和相关描述中被作为"未标明日期的笔记"而为人所知(页70–71)。

相似)只有被吸纳进简单的两极对立中,才能在战争中有所进展。①正是这种由不同对立的统一构成的总体性被克劳塞维茨称为进攻和防御的"真正逻辑上的对立"。

为了更详细地解释这一"真正逻辑上的对立",我们不妨从识别它的特性(在第七篇的开头)开始:

如果两个概念形成真正逻辑上的对立,

- 其中一方是另一方的补充,
- 一方从根本上就暗含在另一方之中。

我们不妨追问一下克劳塞维茨在这里所说的补充是什么意思。当代的一本百科全书针对补充的概念提出了多种定义,其中一个非常接近克劳塞维茨使用补充概念的方式:

一个补数或补充是需要被添加到一定量中的东西,目的是使这个量和另一个量相等。在纯粹数学中,我们通常在如下联系中遇到这一表达:一个分数的补数就是和该分数相加后等于1的那个数。②

在这里可以清楚地看到进攻和防御关系的一个重要特征:进攻和防御相互补充,如此,它们才能形成一个整体(也就是

---

① 出于呈现论证的目的,在此我并未区分极(polar)、相反(contrary)、次相反(subcontrary)和其他的对立。关于这个问题,参见 Gegensatz in Historisches Wörterbuch der Philosophie 中收录的词条, Vol. 3, G – H, Darmstadt, pp. 105 – 119。

② Allgemeine Encyklopädie der Wissenschaften und Künste, edited by Ersch and Gruber; second section, H – N, edited by Hoffmann, part 19, Leipzig, 1828, p. 390; Gerard Holden 英译。斯通普夫低估了克劳塞维茨有关进攻和防御的相互关系以一种几乎系统性方式说出的内容的重要性,这可以从斯通普夫的摘录和评论的纲要性中看出。关于补充性概念,他给出的唯一评论是:"(法语)等同[equivalent]。"Stumpf, Kriegstheorie, p. 847.

说,它们相加等于1)。

互补性的现代概念完全不同。如今,它被理解为相互共享的要素,这个要素可以将对同一对象的不同经验的方式联系起来。不同形式的知识相互补充,以至于它们可以同等有效地适用于同一个对象。然而,它们又相互排斥,因为它们不能同时或在与同一个契机的关系中提供关于该对象的知识。玻尔(Niel Bohr)对波粒二象性的解释使这一互补性的现代概念获得了普遍的科学意义。[1]

这个定义和之前的定义有明显的区别。互补性的"现代"概念以如下事实为特征,这就是,对立面彼此排斥,以至于它们不能同时且在与同一个契机的关系中出现,但这并不适用于进攻和防御的互补性。[130]尽管这些有关战争的互补描述相互排斥,但它们也在与时空中同一契机的关系中构成了战争的整体性。和两极性关系不同,互补的对立也包含了两个方面之间各种形式的耦合和交互作用。克劳塞维茨说,每一项都蕴含在另一项中。

现代科学的成就明确表明了两极性概念的局限性。针对现代物理学、生物学和心理学的两极性及其意义的研究明确了两极性所要求的标准,并命名了常常可以观察到的特征。这里所提到的标准就是对立,这些对立遵循着一种常规的和必要的模式,具有相互排斥的性质,且以一种同样不变的方式相互从属;最后这个要素也许可以解决黑格尔意义上的对立。此外,两极之间不存在任何过渡这一点应被认定为两极性的一个独特特征。这最后一项关系要素不是必要的,但这种现象可以在许多两极对立中观察到。有人认为,在此没有任何维度可以作为一极到另一极的过渡。[2] 因此,两极之

---

[1] *Historisches Wörterbuch der Philosophie*, Vol. 4, I‑K, Basel, 1976, p. 934.

[2] Werner Bloch, *Polarität. Ihre Bedeutung für die Philosophie der modernen Physik, Biologie und Psychologie*. Berlin, 1972, pp. 12–13.

间缺少任何过渡就是区分严格意义上的两极性与进攻和防御这一"真正逻辑上的对立"的关键特性。

我们初步总结一下克劳塞维茨关于"真正逻辑上的对立"的论述：

1. 和两极性一样，"真正逻辑上的对立"构成了作为一个物体的身份。这种对立关系的两极性决定了两极之间的对称关系；它们属于同一类型，但只有在它们之间的彼此关系中，并且不是作为物体才是如此。

2. "真正逻辑上的对立"超出了两极性限制，使人们有可能根据在这种关系中相互行动和发展的其他形式来思考。每一项都隐含在另一项中，设定其中一项也就必然暗示了另一项。克劳塞维茨这样来解释发展，他说，"真正逻辑上的对立"不仅意味着一个简单的两极关系，也包括属于同一类型的其他这样的"对立"：决斗的两极性、进攻和防御的相对立的积极目的和消极目的，以及它们不同的力量。

三 克劳塞维茨关于进攻和防御关系的论述

[131] 克劳塞维茨的动力学模型以决斗的两极性和进攻与防御的区分为特征（进攻是战争的较弱形式，带有积极的目的，防御是战争的较强形式，带有消极的目的）。这种观念使克劳塞维茨可以根据战争中对立面之间的转化和发展来思考问题。

克劳塞维茨对进攻和防御关系的分析在很大程度上基于他对俄国战争的考察。在这里他第一次主张进攻是战争的较弱形式，而防御是战争的较强形式，但前者具有积极的，也就是更大、更关键的目的，而后者只具有消极的目的；正是这一点使两种形式可以同时存在。① 克劳塞维茨的历史分析直接影响了他理论的形成和他的方法论反思,因为"分析和观察、理论和经验绝不能互相蔑视或相互排斥"(61)。我一直认为克劳塞维茨"真正逻辑上的对立"超越了两极性。他的想法在两个方面可以与黑格尔的观念相比较。首先,在这两种情况下,对立面都是彼此相对的,但每一方也在这种相对定义自身的身份。其次,进攻和防御之间存在多种转化形式,而这一点在两极性中被排除。现在让我们更仔细地看一看从进攻到防御和从防御到进攻的转化中存在的各种关系。

防御的不同概念

克劳塞维茨区分了两种根本不同的防御形式。第一个是与进攻者构成敌对的防御;进攻者试图打破防御,而防御者对此加以抗拒。第二个是一种完全不同的防御形式,在这里防御被转化为进攻的一个元素。

借助于消极目的和积极目的的对立,我们可以将第一种形式的防御同进攻区别开来。这一区分[132]来源于克劳塞维茨对战争的定义。他说,积极的目的就是想要强加自身的意志给敌人。另一方面,防御的内容则是自我保存和对抗敌人的意图。防御者主要关注的是阻止敌人强加意志给我们。这就是对立,强加自身的意志给敌人(积极目的)有别于挫败敌人的意图(消极行动),这是克劳塞维茨有关进攻和防御的积极目的和消极目的的区分的基础(98)。

这一防御的概念截然不同于另一个构成了防御的第二种形式的概念。在"战略进攻的性质"这一章,克劳塞维茨认为,"进攻行为"是"进攻和防御的不断交替和结合"。他说,防御不只是进攻的

---

① Clausewitz, *Der russische Feldzug*, p. 64.(这段话并未被吸纳到克劳塞维茨的《俄国战役》中。)

有效准备,也是它的"起阻碍作用的负担""原罪"和"致命伤"。克劳塞维茨用进攻力量的减弱来描述向防御的转化:

> 因此,战略进攻的目标,可以被设想成数不清的过渡,从占领全部国土到占领一个最不重要的地方。一旦目标达成,进攻停止了,就会出现防御。(524 – 526)

克劳塞维茨在这个简短的段落中使用了截然不同的防御概念:

- 首先,我们发现了一个完全从属于进攻的防御概念:防御无非是进攻的有效准备。
- 这个作为进攻的有效准备的防御概念可与防御的第二个概念对比,后者强调了不同的方面:"原罪""致命伤""起阻碍作用的负担"。在这里,防御也是进攻的一个元素,但它不再是其有效的准备,而被理解为附属于进攻,但由于从性质上讲它和进攻相对立,因此它也弱化了进攻。
- 克劳塞维茨也采用了防御的第三个概念,即当进攻已经达到目的时所获得的东西。防御这一最后的形式几乎不再是战争的一部分,而可以被描述为军事行动结束后的事态,但这仍然属于防御。

[133]尽管防御的这三个概念极为不同,但它们都有同一个特征,这就是它们只是进攻中的一个倾向。因此,进攻本身有自己的对立面,但也正因此,最初与进攻相对的防御就转换为进攻的一种倾向。重要的是要认识到这一转化过程导致了防御概念的内容发生了变化。当防御被描述为进攻内部存在的一种倾向时,这种形式的防御就在根本上有别于同攻击处于敌对关系的那种防御。克劳塞维茨说,当进攻因为目标(即其有限的或更全面的目标)已达成或因为它已穷尽自身力量而告一段落时,将会自动地导致防御。这

种防御自动出现,并且从属于进攻,或者是进攻的结果,它在根本上是一种截然不同的防御,不同于严格意义上与进攻相对的那种防御。这后一种类型的防御与进攻相对,进攻正是为了战胜它。这正是进攻和防御彼此不和、相互排斥和"冲突"(基塞韦特)的地方。

克劳塞维茨在这一节中进一步追问,究竟什么是防御,并且回答了他自己的问题:防御不过是战争的更有效形式,通过防御,人们可以追求胜利,在获得优势后转变为进攻——也就是说,转变为战争的积极目的。他也同样强调:"迅速而猛烈地转入进攻——这是闪闪发光的复仇利剑——是防御的最光彩部分。"①(370 – 371)防御概念中的进一步差异在这里出现。防御不过是战争的更有效形式;由于它可以提高胜利的可能性,所以被选定为战争的更好方式。当克劳塞维茨提出这种说法时,他几乎完全摈弃了进攻和防御的区别,因此它们只在决斗的对称性中存在暂时性差异。

总体而言,我们可以区分克劳塞维茨著作中三个根本性的防御概念:②

- 防御以自我保存和躲避敌人打击的意图为特征。因而克劳塞维茨主张,战争的真正概念只能从防御开始,他强调了进攻和防御的不对称性。这些对防御的概念化的出发点[134]是积极目的和消极目的的对立。

- 然而,对克劳塞维茨来说,防御与此同时也不过是战斗的"更有效的形式",战斗一方之所以暂时地选择防御,是为了更有把握地赢得战争。作为它们之间两极性的结果,进攻和防

---

① 阿隆十分正确地指出,克劳塞维茨没有足够清晰地区分两种防御,一种是具有消极的抵抗进攻意图的防御,另一种则是作为战争的较强形式的防御。Aron, *Den Krieg denken*, p. 247.

② 阿隆识别出了在克劳塞维茨笔下防御的三个不同特征,其一是作为概念的回避,其二以等待打击作为突出特征,第三是保存作为防御的意图。回避包含了后面两者。*Den Krieg denken*, pp. 216 – 217.

御只是战争中的不同元素而已。

- 最后,防御与其对立面有关。防御是一个延迟因素,也可以作为一种有效的准备;这改变了防御的原始概念。

将对于防御的各种规定结合起来就解释了克劳塞维茨在处理攻击与防御的关系及其各自的概念化表达的过程中提出的各种区分。例如,当他指出,防御是准备进攻的更有效方式时,他结合了进攻的"积极目的"和防御的更大力量。另一方面,当他声称防御是进攻的原罪时,他就将进攻的积极目的和防御的消极目的的集合到了进攻者一边。在一段著名的话中,克劳塞维茨指出,"闪闪发光的复仇利剑"是防御的最伟大时刻。在这里,他结合了防御的更大强度和进攻的积极目的。①

不同类型的转化:最高强度(直接性)和减弱的强度(中间状态)

在克劳塞维茨的理论中,军事活动中的间歇是这样一种形式,在这里,一方所处的地位从进攻转变为防御。这一转变的原因或是进攻的"力量减弱了",或是敌人进行了抵抗。对克劳塞维茨而言,进攻有一个顶点:"在此,[进攻]剩下来的力量刚刚好。超过这一时刻就会发生剧变,就会遭到还击。"这种还击的力量通常比进攻者

---

① 阿隆批判克劳塞维茨在《战争论》第六篇中关于进攻与防御的概念化,认为二者是一种"力量的平衡作用"。他将这一点同如下辩证法进行比较,即进攻是具有积极意图的战争的较弱形式,防御则是具有消极意图的战争的较强形式。阿隆批判的实质在于,克劳塞维茨没有成功地找到两种形式的综合。但正如我们所见,较强与较弱的、积极与消极的辩证法只略微提及,而没有充分展开。而克劳塞维茨有理由不这样做。因此必须满足克劳塞维茨的基本评价,满足于他在第六篇和第七篇中有关进攻与防御的讨论。参见 Aron, *Den Krieg denken*, pp. 246–247。

的进攻力量大得多(527-528)。在其他地方,克劳塞维茨也以类似方式指出,他所谓的超过这一顶点不过是无用的能量耗费,而且有破坏性。他说,经验表明,[135]之后的还击往往具有不相称的效果(570)。① 通过这种方式,进攻开始转变为军事行动中的间歇,随后转化为防御。这里涉及的不是被吸纳到进攻有效性中的防御形式;相反,从进攻到防御状态的真正转变通过军事行动中的间歇产生。

从防御到进攻的转变完全不同,克劳塞维茨称之为防御的"最伟大时刻"(370)。每一个防御者都竭尽全力寻找转向攻击的方法(600)。在战斗最密集的阶段,进攻和防御的差异开始变得模糊;两者难以区分,因此防御就会直接转变为进攻。在具体的现实中,人们当然会遇到这种相互转变的非常不同且混合的形式;但如果想要通过形成理想类型来区分进攻和防御,那么,它们看起来就是这样:

- 进攻通过军事行动中的间歇转变成防御——或者因为进攻一方已经竭尽全力,或者因为它已达到了顶点,或者在成本和收益的合理计算基础上,没有任何方式来实现进一步的政治目标。当我们考虑进攻到防御的转变时,军事行动中的间歇便是中间点,是进攻和防御之间的中点。

- 当战斗的强度已经达到进攻和防御的对立变得模糊时,防御通过战斗直接转变为进攻。防御因此直接转变为进攻,因为这是在强度最高时发生的变化。

针对从防御转向进攻和从进攻转向防御的差异,克劳塞维茨给出了两个解释。第一个解释涉及军事行动中的间歇,第二个解释则涉及强度的最高层次。

---

① 在此,再一次地,对于俄国战役的分析为克劳塞维茨的评价提供了背景。参见 Herfried Muenkler, *Clausewitz' Beschreibung und Analyse einer Schlacht:Borodino als Beispiel*;在洪堡大学的讲演,Berlin,31.5.-3.6.2000,未发表的讲稿。

进攻和非进攻,防御和非防御

对克劳塞维茨来说,进攻和防御的关系是一个"真正逻辑上的对立"。这就提出了[136]"真正逻辑上的"对立与传统的逻辑对立观念之间的关系问题。攻击和防御的对立与进攻和非进攻或防御和非防御的逻辑矛盾之间有何关系?克劳塞维茨从根本上区分了真正的逻辑对立和通过单纯否定的逻辑对立。他没有明确表达出非进攻或非防御的概念,但人们肯定可以从上下文中将它们推出来。

如果进攻和防御是一个单纯的逻辑对立,这就意味着进攻等于非防御,防御等于非进攻。① 然而,克劳塞维茨的非进攻指的不是防御,而是军事行动中的间歇,没有进攻的积极元素。在《战争论》第七篇第四章,他论述了进攻力量的削弱,并且讨论了通过多种因素导致这一点的方式。这些因素包括进攻的目标,也就是占领敌人的国土,为了确保自己的交通线而占领已经攻克的地区。攻击也因行动的失败、伤亡和疾病减员、远离补充来源地、围攻或包围敌人要塞、努力程度下降和同盟的瓦解等遭到削弱(527)。

所有这些因素削弱了进攻及其"积极"的意图,有助于在军事行动中产生间歇。早在《战争论》第一章中,克劳塞维茨就强调必须努力克服间歇:战争是力量的活动,这些力量有时强大到"足以克服惰性和摩擦产生的阻力,但有时又太弱,不起任何作用"(86-87)。在战争中,必须克服惰性或摩擦的阻力。将军事行动中(和军

---

① 在一组逻辑对立中,A 不同于非 A。如果进攻与防御是一组逻辑对立,防御就可能等同于非 A,但这就可能意味着 *duplex negatio affirmat*[负负得正]的原则能成立:否定之否定就再度是那个最初的同一体。也就是说,A 等同于非[非 A],因此,如果防御被理解为非 A,这就意味着非[非 A] = A。并因此非防御 = 进攻。

事行动之前)的间歇描述为"非进攻"是完全合理的,因为在这里,进攻的"积极目的"消失了。进攻和非进攻在相互关系中以一方拥有而另一方不拥有积极意图为特征。进攻和非进攻因为克服"惰性"的"积极目的"而得以区别开来,而正是这一积极目的决定了进攻,在非进攻中它则消失不见了。

这在原则上也适用于防御,尽管方向相反,形式不同。如果一个国家、民族或共同体在遭遇进攻时不进行防御,就很难称之为"反击"。但如果[137]进攻和防御是一组逻辑对立,这就是非防御将要成为的样子。克劳塞维茨使用一个概念阐明了这一点:防御不只是被动的忍受。我们可以补充说防御不只是忍受进攻(379)。对进攻的被动忍耐可以描述为非防御,而非防御在任何情况下都不能被理解为进攻的形式。在这里,非防御缺少某种东西——防御的消极目的,它可能是消极的,但仍然是一个目的。正是这一目的,被克劳塞维茨通过诉诸作为取胜的进攻和作为保存的防御来加以概念化,并且,他也使用这个意图区分进攻和非进攻、防御与非防御(357)。

四 总结:两极性和真正逻辑上的对立

我们可以这样来总结克劳塞维茨关于各种不同对立之间的差异性和统一的观念。在决斗中和进攻与防御的关系中,对立的统一依赖于两极性。只有当两极性和真正逻辑上的对立都应用于同一物时,它们才有效。在两极性中,对立两极之间的关系是对称的。但克劳塞维茨没有仅仅描述两极性,而是进而考察了它的限制。他提出了攻击与防御的真正逻辑上的对立模型。①

---

① 克劳塞维茨的潜在模型十分重要,甚至超出了黑格尔的观念,参见 Herberg‑Rothe, *Lyotard und Hegel*. Passagen: Vienna, 2005。

我们应该注意如下特征：

1. 在一个真正逻辑上的对立中,例如两极性中,对立的两极不是事物或对象。它们是同一体中的对立倾向。在这个同一体中,对立面不能彼此分离。此外,在一个真正逻辑上的对立中,这些倾向中的每一个都蕴含在另一个中。这不是二元论,因为两极性确保了一个不可分割的统一体。这也不是一元论,因为这种同一性,它的"本质",只能通过两个对立面来描述。这种类型的对立和统一显然不同于二进制代码,后者只有一系列的对立作为其实质内容。在战争中,行动的领域是结构性的,并通过这种对立被赋予了活力,这与二进制代码的工作方式有很大不同。

[138] 2. 在这个"真正逻辑上的"对立中,每一组对立的每个极都与其反面相关联,尽管采取了不同形式。防御系属于进攻,导致了作为进攻要素的防御在概念的内容和形式上的变化。因此,从进攻到防御的转变需要一个中间状态,因为它与军事行动中的间歇相关。这种非进攻(间歇)处在进攻和防御的中间位置,也就是进攻转变为防御的时刻。在另一方面,防御在自身中就有直接的对立面,因为——正如闪闪发光的复仇利剑这一比喻表达的——它在战斗最密集的阶段直接转变为它的对立面。

3. 进攻和防御这一真正逻辑上的对立不能被描述为一个双重否定。它本身包含了不同类型的对立:决斗的两极性、积极和消极的目的、较弱和较强的形式。进攻和非进攻以及防御和非防御的逻辑对立都被整合到了这个更全面的对立中。

这意味着克劳塞维茨的真正逻辑上的对立模型吸收了两极性,与此同时,与这一规定相对立,也为这一统一体中的对立项之间的转化和发展提供论证。有了克劳塞维茨对两极性和真正逻辑上的对立的讨论,就可以得出如下结论,克劳塞维茨在《战争论》第一篇第一章中有关战争的不同概念化表达了每一场战争中那些相互对立的倾向。第一章开端有关战争的初始定义和第一章末尾"奇妙的三位一体"中对战争的定义的对立,可以理解为同一对象的不同极。这些极不是彼此独立的"物"。它们通过在战争中作为对立的倾向和作为它的边界发挥作用,从而为战争的统一体提供基础。我们可以阐明对立和转变的多样性,因为有了真正的逻辑对立的模型,我们就总是可以在战争中观察到这些对立和转变。正如在这一特定的对立内部包含了由不同对立构成的统一体,因此,克劳塞维茨在第一章中阐述了各种不同的极之间的对立,这些对立一起构成了作为整体的战争。①

---

① 我曾经试图用这个进路发展出一种战争的一般理论。参见罗特:"Clausewitz's trinity as a general theory of war and violent conflict", in *Theoria*, 2007(forthcoming)。

第六章　公式:战争中的政治

作战的意愿和妥协的意愿处在政治的核心。

帕雷特①

[139]"战争无非是政策通过其他手段的延续。"(87)人类历史上将复杂的社会现象简化为简单公式的尝试很少获得成功。无论这些尝试多么缜密,它们也不过反映了现实的一个方面。被归结给"太阳王"路易十四的"朕即国家"(L'état, c'est moi)这一名句,不过道出了18世纪绝对王权主义现实的一个方面。克劳塞维茨的公式也不过是把握了战争的一个方面。然而,这句话却拥有了如下命运,它被视为战争整体的定义、战争的总体性的定义。对这一误读的历史,克劳塞维茨并不能完全免受指责。他想要强调政策对战争的重大而深远的影响,但在这样做的过程中,他将这一问题放到了一个过分优先的位置上;他在一些公式中,如他所言,将战争还原为"无非是"政策的延续。② 因此,有必要考察为何这一著名公式应该要在与克劳塞维茨的整体论证的发展关系中得到理解。

---

① Paret, Clausewitz's Politics, 载于 Peter Paret, *Understanding War*, Princeton University Press: Princeton, NJ, 1993, p. 169。

② 克劳塞维茨在《战争论》中使用的其他表达使一个类似观点有了如下不同读法:"战争不过是在其他手段基础上的政治交往的继续"(页605);"战争不过是政策使用其他手段的延续"(69);"仅仅是政治活动的一个分支"(页605)。

我们不妨首先重温本研究之前提出的有关政治和战争关系的论证。在早期作品中，克劳塞维茨将战争的革命性转变追溯到了法国政治形势的变化上面，尽管在这一时期，他仍将战争视为独立自恰的整体，"这样，每场战争都被提升为一个自身完整的整体"。① 根据这些观点，拿破仑发动战争的方式最初被视为真正的战争理念的实现。但由于莫斯科之战，尤其是滑铁卢之战，他开始注意到有限战争和无限战争的根本对立。在1827年笔记中，这"两类战争"的存在[140]成为克劳塞维茨修订《战争论》的两项原则中的一项。

一旦克劳塞维茨发现了有限战争和无限战争的对立，他就不再将战争视为一个自律的统一体。自此之后，他仅仅将战争视为更为整全的整体的一部分。尽管克劳塞维茨并不清楚自己在第八篇中究竟想要写什么，但他却非常清晰地识别出了一个特殊问题：战争的实施是"不完整的和自我矛盾的"。因此它就不能只遵循自身的法则，而必须被"视为某个其他整体的一部分，这个其他整体的名称就是政治"(606)。将战争视为更大整体的一部分，这就为克劳塞维茨的公式——战争仅仅是政策的延续提供了基础。

然而，克劳塞维茨公式的批评者和赞美者通常都没有注意到，在这里存在一种无法克服的紧张，这一紧张的一边是将战争作为政策的延续的概念化，另一边是这句话的最后一个部分，即政策运用其他手段。如果更仔细地考察，就可以看到，这个举世闻名的公式，尽管看起来毫不含糊，实际上却包含了三个方面，并且这三个方面之间存在着矛盾。首先，克劳塞维茨强调了政策对战争的影响，战争是政策的延续。但这并不意味着战争可以被还原为政策。其次，他强调，在这一延续中，运用的手段不同于政策本身使用的手段。

---

① Clausewitz, *Schriften II*, p. 67，原文是"Dadurch ist ein jeder Krieg zu einem in sich vollständigen Ganzen erhoben"，英文由 Gerard Holden 翻译。

最后,这一公式表示,战争"无非是"政策的一种延续,这就意味着克劳塞维茨将战争看作一个更整全的整体的部分,或者被视为一般意义上的政治的一部分。

从概念上来讲,我们可以再度将这一区分追溯到克劳塞维茨对耶拿、莫斯科和滑铁卢之战的反思。他通过诉诸拿破仑的军事天才解释拿破仑军队的乘胜推进,但他也提到法国政治形势的变化,提到法国的对手采取的错误政策(609)。在莫斯科战役中,战争明显依据自身法则进行。即使俄国国内没有任何社会和政治形势的变化,俄军的"纯粹抵抗"(98)也会给拿破仑带来军事上的灾难(正如西班牙的游击战那样)。拿破仑试图使用军事力量创造一种政治既成事实,但当他达到军事上的可能极限时,他失败了。前述公式表达了克劳塞维茨得出的结论:战争是政策的延续,[141]但却是通过其他手段的延续。在内部运作中,战争仍然遵循自身的法则。战争并没有属于它自身的逻辑,因为它是更大整体的一个部分,但它有其自身的语法(605)。最后,在滑铁卢战役之后,克劳塞维茨看到战争本身并非一个独立的整体,而必须被理解为一个更整全的整体,即政治的一个部分。

然而,在《战争论》第一章和第八篇以及1827年笔记之间存在差异。在第一章"奇妙的三位一体"的讨论中,政策的影响只是三种趋势之一,三者中的任何一个都可能超过其他两者。就《战争论》一书的整体逻辑而言,这个差异可以被理解为,克劳塞维茨试图通过它来解释战争的不同经验——耶拿,莫斯科,滑铁卢——如何可以在一个统一的观念中得到理解。我们可以通过区分行动和对抗行动把握公式和"奇妙的三位一体"之间的对立。在那个著名的公式中,克劳塞维茨强调人类(政治)行动的自主性,这一自主性常常受到限制,但从未被放弃。在"奇妙的三位一体"中,他试图将行动和对抗行动一起概念化。

克劳塞维茨公式中的内在紧张将在下面的部分中加以探讨。

一　克劳塞维茨笔下不同的政治概念

对政治的主观理解与政治交往的对立

阿隆将克劳塞维茨的政治概念区分成两个维度：首先是作为社会政治形势的总体性的客观政治，其次是主观政治。国家"被视为一个人，而政治是其大脑的产物"（88）。① 迪纳（Dan Diner）在明确谈到克劳塞维茨笔下的政治概念的双重性时也有相似论述。他说，第一种概念形式应该被理解为对目标导向行为框架的工具性追求，这种以目标为导向的行为涉及有组织地使用武力。这一工具理性就包含在每一个战争行动之中。但他认为，这一概念对克劳塞维茨而言也有其他意思：它是对于社会条件的整个范围的表达，是与行动相关的某种东西；[142]这些条件在武力使用之前就已形成，并且不受以任何方式适合于它们的主体的操纵。因此，在这个层面上而言，政治就是一个实体，它脱离了受意志控制的手段和目的的概念，并且处在同社会交往的流行形式的类似关系中。②

康迪尼斯（Kondylis）甚至对克劳塞维茨笔下有关政治的第二个概念做了进一步抽象。他认为，这个概念十分宽泛，以至于可以指代诸如"社会单元"、政治整体或"政体"这类东西。康迪尼斯指出，

---

①　在德语中，克劳塞维茨使用的表达是："人格化国家的理智"（Intelligenz des personifizierten Staates）；《战争论》，页212。但他也使用了国家"作为一个人"的理念，以解释为何有限的和无限的战争可以在相同程度上受政策影响（88）。因此，这个范畴的身份并不十分明晰。我个人使用这个范畴想要表达的是政治行动者的主观上的自主性。

②　Diner, *Anerkennungund Nicht – Anerkennung*, pp. 447 – 448; Aron, *Den-Krieg denken*, p. 389.

在克劳塞维茨笔下,政治的概念不具有单一行动的意义,相反,它表达了在一个特定社会单元中公众相互沟通的理念。这个对克劳塞维茨的解读十分宽泛,以至于几乎不可能在政治、社会或文化之间做出任何区分。① 根据论证的总体逻辑,可以看到这两个概念之间的对立是克劳塞维茨自身经历的结果。18 世纪盛行的国家的绝对主义将国家视为一个有机整体,这个最高行动者有清晰的目标,并且拥有"人一般的理智"。然而,这种国家观随着普鲁士在耶拿-奥厄施塔特的战败而瓦解。在克劳塞维茨看来,正是普鲁士"人一般的理智"追求的错误政策导致了这一灾难。

此后,克劳塞维茨的观点又在立宪政府和国家利益的理念设定的框架内进一步发展。② 在这个框架内,他在一系列军事和政治备忘中写道,国家的统一应该优先于人口中的个别性部分的特殊利益。最后,拿破仑在滑铁卢陷入绝境:出于国内政治的原因,他被迫对敌对力量的联盟发动战争,却没有足够的军事力量。这使克劳塞维茨更加确信,政治的概念不应被限定在政治智力主导的行动之内。现在,他认为政治注定会在同等程度上为国家之间的政治交往决定,这就对各国行为的自主性设定了一定限制(87 - 88,605 - 607)。从行动者的自主性中和现有条件对这一自主性的限制中产生出来的对立,也是克劳塞维茨有关战争的讨论中在行动和(非对称的)对立行动的理念中表达的对立,亦存在于他有关政治的理解的核心部分中。

---

① Kondylis, *Theorie*, p. 28. 基根尤其没有注意到克劳塞维茨使用了这一整全性的政治概念;参见 Keegan, John, *Die Kultur des Krieges*. Rowohlt: Berlin, 1995, p. 21。(这是基根《战争史》一书的德文版。)

② Günter Dill, "Einleitung", in Dill, *Clausewitz in Perspektive*, p. xiv; Peter Paret, "Clausewitz' politische Schriften", in Dill, *Clausewitz in Perspektive*, pp. 380 - 406.

政治领导权与军事领导权的对立

[143]当克劳塞维茨在表达他的行动建议时,政治的主观概念与客观概念之间的紧张就变得尤为明显。贯穿《战争论》始终,他给军事指挥官和政治领袖们提出了诸多建议。"要使战争完全同政治目标相符,使政策完全适合于作为战争的手段",那就只有一个办法:最高统帅必须成为内阁的成员,如此,内阁才能参与到统帅的重要决策中去(608)。对克劳塞维茨而言,如果战争总是或者在每一种情形下,都只是政策的延续,也就没有必要建议如何最好地实现战争与政治的统一了。我们可以看到,这一因素在克劳塞维茨的如下陈述中具有一种内在的重要性,这个陈述是,从兵法和统帅的角度来讲,要求政策目标不应与发动战争的手段相矛盾,是完全合理的(87)。

克劳塞维茨在《战争论》第八篇中也做了类似论证,他说,使政治考量从属于军事考量毫无意义。唯一可能的推理方式是,使军事方面的考量服从于政治方面的考量。在战争领导权的最高点及其决策必须优先的地方,必须采取政治的视角。他进一步指出,将重大军事行动或实施这一行动的计划,完全交由军事标准决定,就包含了一个不被允许的、自身有害的区分。实际上,在这些计划方面为了获得纯粹的军事判断而向军方寻求有关战争计划的建议,是毫无意义的(606-608)。克劳塞维茨在此的确不是说,战争从一开始就总是政策通过其他手段的延续。他实际上做的就是使政策优先性的这个一般性假定,作为他的如下建议的基础,这就是,政策在实践中必须永远被赋予优先性。

如果更仔细地进行考察,就会看到克劳塞维茨在此引入了有关政治领导权和军事领导权的新的区分。正如克劳塞维茨所见,并且也正是他在自己的建议中表达出来的,政治领导权的优先性每次必须且应该重新得到确立。这也反映出克劳塞维茨在理解这一理论时存在的紧张。在他的笔下,存在两种不同理论的含义。一方面,理论[144]包含一种想要提出有关战争整体的结构化的、动态的图像的努力;另一方面,《战争论》也试图对当时的战争艺术提供指导。理论必须提供有关它的对象的认识,但它也同样必须为行动提供指导。对克劳塞维茨而言,真正的知识基于对理论的掌握而产生出创造性行动。在克劳塞维茨的书中,这一理论的双重涵义为主观政治与客观政治的对立提供了基础。①

在克劳塞维茨提供的政府和统帅的概念中,以及政治机构和军事机构的概念中,可以清晰地看到他对政治的概念化中的主观性要素(609-610)。就有关政治的理解而言,可以注意到,那个著名的公式几乎是一个悖论。战争是政策通过其他手段的延续(即客观的政治概念),并且,战争因此就应该根据政策要被赋予优先性这一要求来发动(即主观的政治概念)。考察克劳塞维茨有关普鲁士战败的分析,可以最清晰地看到事实和行动建议之间的一致性和差异。在克劳塞维茨的后期著作中,他的立场不同于那个时代其他作家们提出的论证。他认为,这不是因为政治领袖自身的负面影响,而只是因为普鲁士政府及其盟友的错误政策(607-608),只有当政策错误地理解了战争中的独特可能性时,它才会对战争产生负面影响。如若这种情形发生,政治领袖们可能会发布一些"有违其意图的命令"(608)。因此,从政策建议的主观层面上讲,政策的优先性因此就是某种有必要确立起来的东西。

---

① Andrée Türpe, *Die Theorie von Clausewitz in den geistigen Auseinan-dersetzungen unserer Epoche*, 未出版的教师资格论文。library of the Humboldt University, Berlin, 1986, pp. 125, 130. 另一方面,斯通普夫试图通过专注于教育方面的因素,解决克劳塞维茨指导发动战争和片面分析战争的理论概念中的紧张,参见 Stumpf, *Kriegstheorie*。

如果我们将克劳塞维茨在这个问题上的立场同黑格尔进行比较,就会对它有更清晰的理解。黑格尔在著作中想要提出一种实践哲学,使康德的个体自律的理念不仅是规范性需要。他通过将理念视为已经在历史中生效的社会实在的要素,成功地做到了这一点。① 通过类似方式,克劳塞维茨的公式中政策的优先性可以被理解为一种无条件的要求。这一点已经对战争产生了影响,但它还没有在每一个具体个案中完全开花结果。

核时代作为政治交往的客观政治

[145]不久前,有关克劳塞维茨在核时代的讨论主要关注了战争的手段与政治意图的关系发生根本翻转的可能性。阿隆在他初版于1976年的书中写道,要获得一种表面上具有启发性的回应,当下的人们只需援引克劳塞维茨有关政策优先的公式:核战争不再是政策通过其他手段的延续。使用热核武器摧毁城市,或不加区分地杀死上百万人,这些手段如何可以被视为类似于为了获得国家通常追求的目标而使用的手段?

阿隆认为,战争只是国家间关系的一个阶段。如果真正使用核武器,那么这种关系中人的重要性、对意志的考验就会消失,唯一剩下的便是对力量的原始考验。和平研究者森哈斯(Dieter Senghaas)写了一篇纲领性的文章,在这篇文章中,他过早地同克劳塞维茨的著作道了别。他提出了核时代战争与政治的关系问题,在这个时代,战争的现实可能等同于绝对战争的哲学概念,在这种可能性之

---

① Axel Honneth, *Kampf um Anerkennung. Zur moralischen Grammatik sozialer Konflikte*. Frankfurt 1992, p. 11; cited as Honneth, *Anerkennung*.

下,森哈斯认为,战争不再是政策的延续。①

很显然,战争在核时代是否仍是政策通过其他手段的延续,对这个问题的回答取决于我们使用克劳塞维茨何种政治概念。如果是他的主观的政治概念,那么可以说,在核军备竞赛时期,没有任何政治目标可以通过能够毁灭这个星球若干次的军事行动来实现。而如果我们循着康迪尼斯的观点且归结给克劳塞维茨一种极其宽泛的政治概念,情况就会有所不同:在这种情形下,政治与战争之间存在目的的延续性,这种延续性取决于二者的同质性。如果"文明的民族"采取的一切战争行为都必定是政治性的,政治的概念将变得非常宽泛,以至于根据其定义,核战争也是一种政治行为。②

尽管战争的手段发生了根本变化,我们仍可以采取另一种方式继续运用克劳塞维茨的公式,这就是在政治的概念[146]和阶级斗争的概念之间确立一种联系,阶级斗争这个要素在同等程度上超出了政治与战争。有一篇讨论基本概念的文章中说(这篇文章是对苏联军事刊物中的一场辩论的总结):"我们再次假定,战争是政策通过暴力手段的延续这一公式是正确的。我们也假定,战争的政治的、由阶级决定的内容和武装力量,这两者的统一代表了所有战争的性质的相对永恒和普遍的基础,毫无例外。"③将战争概念化为政策的延续,在此取决于那个在同等程度上超出了(主观)政治和战争的范畴。

克劳塞维茨在后期著作中的立场处在两个极端之间:一边是自主的主体做出的政策,一边是客观化的政治交往指导下的政策。这种

---

① Aron, *Den Krieg denken*, 455; Dieter Senghaas, "Rückblick auf Clausewitz", in Dill, *Clausewitz in Perspektive*, p. 351. 正如我已经解释的那样,概念与战争的绝对物之间的关系只是克劳塞维茨对这一问题的概念化的一个方面。

② Kondylis, *Theorie*, pp. 30, 32.

③ 转引自 Andrée Türpe, *Carl Gottfried von Clausewitz, ein Philosoph des Krieges*, Ph. D. thesis, Library of Humboldt University, Berlin, 1977, p. 141, translated by Gerard Holden。

紧张表达了行动与对抗行动的对立,也表达了一种意识,即意识到存在一个自主性和责任的领域,这个领域一直存在,尽管它们可能受到了限制。但与此同时,一国自身的行动可能会受到他国政治行动和周边因素的影响,在这种影响之下,甚至这里的自主性看起来不过是一种纯粹虚构。对克劳塞维茨而言,耶拿之战与滑铁卢之战在战争上是对立的,它们提供了一个比较,但却不能被单独拿出来考量。

与此同时,在这两种情形下,战争都是早已出场的政策的延续。在第一种情形下,它反映了普鲁士政治领袖的失误,在第二种情形下,则反映了拿破仑行动的每一个方面都受到了法国国内条件及其相关的外部条件的影响。耶拿和滑铁卢尽管形成了对立,但也可以被视为相同类型的战争。在每一种情形下,都是政治维度决定了战争的结果。克劳塞维茨以这种方式识别出耶拿和滑铁卢的平行性,从而发现将战争的各种内部冲突再次统一起来的那个重叠的政治的整体。

在此,克劳塞维茨的论证回到了它的出发点。在分析(拿破仑之前)法国军队所获得的成功时,他强调,是大革命带来的根本政治变化使这些胜利成为可能。在耶拿战争前后,他强调普鲁士领导权的政治失误的主观部分,也强调了普鲁士作为一个国家的政治上的自我主张的主观部分。普鲁士国家重建荣耀的能力与通过再度反抗拿破仑重新获得国际承认之间有一种直接联系。[147]莫斯科之战表明,动用军事力量产生的政治变动是存在限制的。最后,滑铁卢战争则表明政治条件对战争胜利的支配性影响。

权力与自由之间的政治

克劳塞维茨的双重政治概念也进一步地表达了一种甚至更为根本的对立。根据公式,战争是政策的延续,但采用的手段可能不同。这就意味着,这个公式取决于两种内在对立的政治概念。在理

第六章 公式：战争中的政治

解以权力为特征的政治这一意义上——获得权力、使用权力以及担心失去权力，战争是政策的延续。在此方面，克劳塞维茨属于从马基雅维利到韦伯的传统。在耶拿战争期间，克劳塞维茨认为政治的实质可见于拿破仑的例子，即基于军事力量的政治要优于那些没有充分武装起来的政治理想。① 但在政治思想史上，可以发现一种截然不同的政治概念。从这个角度出发，克劳塞维茨的公式将战争视为政策的延续，其侧重点就在于其使用的手段具有完全不同的性质。

从古代到 18 世纪，政治的概念反映出人们想要创造出一种正当地、着眼于共同善（common good）的行使权力的方式。共同善是 18 世纪晚期的自然法学说的核心命题。但这一学说不同于受基督教影响的中世纪对政治的理解，因为它让政治领域更紧密地与种种自为观念的目标相联，而那些目标是行动意图在此世实现的目标。迄今为止我们仍未看到这一争论的解决方案：政治的概念领域中的两个相对立的要素哪一个更重要，是权力还是同意（agreement）？自古代以来，有关政治本质的讨论一直绵绵不绝——政治的本质究竟是"权力还是秩序？"②当政治等同于和平时[148]，政治概念便得到了最为正面的说明："政治的目的与对象是和平。和平从概念上讲属于政治范畴。"③

---

① Paret, *Staat*, p. 220; Muenkler, *Gewalt und Ordnung*, p. 62.

② *Politikwissenschaft*, eds. Iring Fetscher and Herfried Muenkler, Editors' Preface, Reinbeck bei Hamburg, 1985, p. 8.

③ Dolf Sternberger, *Begriff des Politischen. Der Friede als der Grund und das Merkmal und die Norm des Politischen*. Frankfurt, 1961; Vollrath, entry for *Politik in Historisches Wörterbuch der Philosophie*, Vol. 7, pp. 1038 – 1072; 亦见施米特：《政治的概念》,1932,6th edn. Berlin,1996;韦伯：《政治作为使命》,6th edn. ,1977;两种历史传统的对比，参见我的文章：Herberg – Rothe, *Hannah Arendt und Carl Schmitt. Vermittlung von Freund und Feind*. In Der Staat,1/2004,cited as *Arendt und Schmitt*.

克劳塞维茨的公式在一个统一的语境下表达了两个相对立的政治概念。但他也非常清楚这一紧张带来的问题,这可以从《战争论》的三个地方看出来。在第一章中,克劳塞维茨使用的政治概念建立在通过行使权力实现目标的能力基础上。他将自身的立场同另一种观念区别开来,这种观念是传统以来人们一直持有的,它"谨慎地、狡猾地,甚至不诚实地回避了暴力"(88),结果,克劳塞维茨自身的政治概念得到了揭示:它表达了暴力,而非回避武力。克劳塞维茨一直纠结于普鲁士政治领袖们最终走向失败的经历,普鲁士的政治领袖们想要通过"外交智慧"避免战争,却因此使国家遭受了耶拿的惨败。克劳塞维茨以一种近乎本能的方式来回应任何能使他想起这一经历的事情。

每当克劳塞维茨注意到任何哪怕可能对作为国家存在的普鲁士构成一丝威胁的事情时,他所作出的政治反应反映了他担心耶拿的事件即将重演。[1] 耶拿之后,克劳塞维茨将保存军事力量的地位视为政治的实质,因为当与他国对抗时,一国的军事力量是其作为国家存在的保障:"因为它保证了国家的存在,在与他国的关系中,力量是衡量一国国内事务的最终标准。"[2]

另一方面,在第三篇中,克劳塞维茨用一种不同的并且更复杂的方式描述了政治。在这里,他写道:

> 战争行为,就其主要方面来说就是政策本身,政策在这里以剑代笔,但不因此就不再按照自己的规律进行思考了。(610)

以剑代笔的比喻很好地表现了两种政治概念的对立。笔代

---

[1] Clausewitz, Letter to Graf von der Gröben, 26.12.1819, in *Verstreute kleine Schriften*, p. 261.

[2] Paret, *Clausewitz's Politics*, p. 169.

公民政策和外交,剑则代表军事上的自我主张与运用武力。但克劳塞维茨在此说,即便政治以剑代笔,也并不因此就不再根据自己的规律思考。在这个语境中,政治可以理解成包含了使用"笔"与"剑"的行动范畴。这一政治概念并不等同,并因此也不限定在政治领导权和军事领导权的制度性对立上,但[149]却是政治行动的一般概念。这一比喻不仅将政治视为主观方面受到规定的公民政策,而且将其视为政治领导权与军事领导权重叠的领域:"简言之,军事艺术在它最高层面成了政治——却是一种打仗的政治,而非传送外交文书的政治。"(607)

康迪尼斯认为,克劳塞维茨的意思不能被理解为,政治必须在与军事行动的对立框架之内加以概念化。康迪尼斯认为,这种对立直到19世纪才逐渐发展出来,这是由于军事事务日益职业化和专业化,以及军事工业化的早期阶段的影响——或者,更具体地说,是由于战争中运用了大规模生产的武器,以及人民主权和法治国这些自由观念的兴起与巩固。但康迪尼斯没有看到,克劳塞维茨不只是提出了一种单一的、包含了战争的一般元素的政治概念,他同样提出了第二种政治概念,这种概念提出了战争与军事的对比。当康迪尼斯说军事权威当然要从属于政治权威的时候,他就在实际上自相矛盾了,因为后者恰恰表达了政治观点的优先性。如果真如他所说的这样,那么,相较于军事权威,这一公民权威必须至少同政治权威有更密切的关系。①

公民政治概念与基于军事力量的政治概念之间的对比在克劳塞维茨的下面这段话中得到了强调:

> 我们可以一致同意的是:政策的目标是将内政的一切方面,精神价值的一切方面和道德哲学家想要补充的任何其他方

---

① Kondylis, *Theorie*, pp. 103 – 105.

面统一和协调起来。政策自身什么也不是,它无非是不同于外部世界的所有那些利益的受托人。

政策有时可能会走向错误的方向,或者可能会被用来满足统治者的野心、私利,以及自负,但这些都是次要的。在对这一点的评论中,克劳塞维茨指出:"我们只能把政策视为共同体一切利益的代表。"(606—607)克劳塞维茨对政治的理解在此以如下理念为特征,即有关不同利益之间的平衡、对立各方的妥协的理念。迄今为止,很少有对于政治的概念化能脱离基于暴力和权力的理解。尽管这个观念初看起来只有用于国家和共同体之内才有意义,因此克劳塞维茨似乎只是表达了一种人们熟悉的"现实主义"[150]立场,但是,这两种政治概念的对立却超越了内部和外部的对立。正如帕雷特在前面有关克劳塞维茨的政治概念的引文中强调的:作战的意愿和妥协的意愿是政治的核心。这些对立不仅在政治概念的内部构成了难以调解的紧张,也进一步在它们"之间"形成了紧张。在这些对立中间"流动"是推动历史的额外动力,并因此在政治观念史上一再得到了表达。①

为了使这个政治概念的复杂性质显现出来,不妨再次回到黑格尔。黑格尔将国家定义为自由意识,将法律定义为自由的规则,这些都与将政治定义为武力相对应。黑格尔写道:"人们经常说武力保证国家统一,但实际上真正保证国家统一的是所有人共同分享的对于秩序的基本情感。"在另一方面,黑格尔还表示武力绝不可能是法律的基础,它只是国家外部或表面上的出发点,而非其实质性的原则。因此黑格尔发现了战争作为国家表面上的出发点与秩序作

---

① 进一步的细节,参见 Herberg‑Rothe, *Arendt und Schmitt* 和 Herberg‑Rothe, *Clausewitz and a New Containment*. In: Herberg‑Rothe and Strachan, *Clausewitz in the 21st Century*。

为国家的实质性原则之间的根本差异。我们可以说克劳塞维茨的政治概念将他置于马基雅维利与黑格尔之间的"中间位置",置于如下两种政治的概念化之间,其一是将政治概念化为一种固有的暴力领域,在这里暴力和权力享有优先性,其二是如下的政治概念,在这里,政治乃是自由、理智,并因此也是理性的表达和手段。①

我们可以总结说,克劳塞维茨将战争概念化为政策通过其他手段的延续,其基础是政治概念内部的一组对立。除非我们意识到了这一点,否则就无法充分地评估他的那个著名公式。②

二 论克劳塞维茨有关战争的逻辑与语法的概念

通过考察克劳塞维茨有关战争没有自身的逻辑,但有自身的语法(605)的论断,我们可以获得一个更具体的对战争与政治关系的理解。如果战争没有自身的逻辑,那说它有自身的语法是指什么

---

① Shlomo Avineri, *Hegels Theorie des modernen Staates*, Frankfurt 1976, pp. 211ff. and 226. 黑格尔有关国家的基本概念化将国家视为自由的意识、自由的法则,这些都没有排除在某些情形下武力具有"进步"意义的可能性。参见 Avineri, p. 272; Hegel, *Rechtsphilosophie*, Zusatz to §262, and *Enzyklopädie III*, §433, p. 223。黑格尔将国家描述为"理性在自我意识的要素之中的实现", Hegel, "Rechtsphilosophie", *Werke* 7, Preface, pp. 11 – 28。帕雷特做出了如下评论:"从更高视角来看,政策和战争似乎是一个连续体中的一部分,但是在人类的层面,战争与和平截然不同。"参见他的 Introduction to the Symposium ("The History of War as Part of General History"),载于 *The Journal of Military History*, 57:5, 1993, p. 10。

② 诺德利斯低估了克劳塞维茨以一种系统方式对战争手段的差异性的强调。他正确引用了克劳塞维茨的论述,该论述宣称,战争没有自身的逻辑,但他只引用了这句话的一半。在另一半中,克劳塞维茨指出,战争有自身的语法。"它的语法可能属于它自身,却不是它的逻辑。"(*On War*, p. 605),参 Kondylis, *Theorie*, p. 32。

呢? 克劳塞维茨对于语法概念的强调反映了[151]他熟悉洪堡特,洪堡特是著名的语文学家和政治家。洪堡特的著作是语法研究史上最重要的著作之一。他认为每种语言都表达出了各自独特的世界观,这对语言学的发展至关重要。① 克劳塞维茨拒绝那种认为战争有其自身逻辑的观念,他给出的论证是,这就意味着对于一个独立整全的概念化,但在写于莫斯科战争和滑铁卢战争之后的著作中,他完全抛弃了这种看法。另一方面,语法概念不仅阐明了战争同一个更大整体的统一性,也阐明了战争自身的相对自主性。

《科学与艺术百科全书》(*Encyklopädie der Wissenschaften und Künste*)中有一篇文章详细地阐述了那个时代使用的语法概念。如果用"战争"替换"语言",那么克劳塞维茨对于战争的概念化的大部分内容都可以在这篇文章中找到。② 克劳塞维茨使这一对比变得明确,最初他认为,当战争爆发时,政治交往不会停止,也不会转变为某种截然不同的东西。接下来,他追问战争是否不"仅仅……是另一种形式的言词或写作",一种表达不同民族和政府的思想的方式。在这一背景下,克劳塞维茨接下来强调,尽管战争没有自身的逻辑,但如同思想的"言词或写作"那样,它有自己的语法(605),根据《百科全书》,语法是语言规律的科学体现的含义。任何与语言相关的合乎法则的东西都从属于语法。当语法在自身中包含了语言中合乎法则的要素的全部范围时,语法就是完整的。

《百科全书》继续指出,某些有双重本性的东西可以在语言概念中得到统一,正如人由灵魂和肉体组成:感性的身体是将可以听

---

① H. Scurla, *Wilhelm von Humboldt*, 1976.
② 值得注意,并且对那个时代的语法概念的意义来说重要的是,这一讨论的篇幅超过了80个页码,没有哪个概念像这样被如此全面地考察过。*Allgemeine Encyklopädie der Wissenschaften und Künste*, eds. Ersch and Gruber, First Section A – G, ed. H. Brockhaus, Leipzig 1865, pp. 1 – 80.

到的声音聚拢到一起的方式,而思想的内容则是这些声音的灵魂。据说,人和语言是双重要素的鲜活的结合或统一综合,某些东西在其自身是完全多元的,它包含了现实的和理想的要素,或者感觉的和精神性的要素。克劳塞维茨以一种类似方式在公式中也将政治的概念理解为由异质要素构成的一个综合体。

《百科全书》接下来描述了语言如何被理解为人类理智本性的表达。如果我们将这一特征描述运用到政治与战争的关系中去,它就对应于[152]如下立场,在这里,战争只是一种表达,它与建立在暴力关系基础上的政治概念相对应。在这种对于关系的理解中,战争不过是对之前存在的一般政治现象做了一番修饰,而不能以任何重要的方式对其加以更改。但《百科全书》中也说,语言与思想的统一受限于如下事实,这就是,思想较语言要更具有整全性。思想不能脱离语言,语言是思想的外在形式或现实,但思想有完全特定的客观本性。在克劳塞维茨看来,政治同样要比战争更具有整全性。

《百科全书》从语言和思想的统一性和从思想的独立性与特殊性中得出了什么结论呢? 它指出,它们的关系通常被理解为外在的,因为,语言在这里仅仅被视作传递信息的一种手段(这里我们可以强调克劳塞维茨类似地将武力视为手段)。思想是一种更早也更根本的现象,表达是随后才出现的。另一方面,语言对思想的这种依赖性反过来也成立,因为除了语言,思想不能通过任何其他方式表达。在某种意义上,语言是思想的表达,正如对克劳塞维茨而言,战争是政策的延续。但也确实因为语言是思想的表达,现实的语言行为反过来也影响思想,就好比战争的进程也影响着政治,并且同样可以从根本上改变政治。①

如果语言与思想的关系只被还原为一种对应关系,相反的看法

---

① *Allgemeine Encyklopädie*, pp. 1–4.

就意味着语言的语法同时也就是思想的逻辑。的确,20世纪语言学转向的核心就相当于这种反转,语言的语法促生出了思想的逻辑。《百科全书》中的这篇文章也假定,语言和思想多少是相对应的,但它同样也强调思想要比语言更具有整全性。克劳塞维茨采取了相同立场,但需注意,他采用的是对于动态的政治和战争的一种潜在描述:战争是政治的一部分,政治是更普遍的现象,但正是出于这一原因,战争的行为与结果可能会改变政治原初的潜在目标与目的。

三 政治与战争之间是否存在冲突?

[153]克劳塞维茨的公式在表达观点时采取的断言方式,似乎在向我们表达,作为一项原则,政治和战争之间并不存在分歧。因此,战争根据自身规律和动力学运作的一切可能性都可以排除。如果我们注意克劳塞维茨的如下论证——尽管情况表面上看起来有差异,但他认为,不仅不受限制的战争有一种走向绝对的倾向,有限的战争也会在相同程度上受政策影响——上述假定将会得到进一步加强。但克劳塞维茨在这里的论证究竟想要表达什么呢?"战争的动机越有力,刺激越强烈,它就会对于整个交战民族产生越大的影响",战争也就越可能走向绝对形态。① 在这种情况下,政治目的与战争目标可能是一致的,"战争看来就越是军事的,而不是政治的"。导致战争的动机、对手之间的紧张越弱,政治意图和"理想战争"的目标之间差别就越大,战争看起来也就越是政治的(87–88)。

---

① 在德文中,克劳塞维茨使用的词"抽象形态"(abstrakte Gestalt),霍华德和帕雷特译为"抽象概念"(abstract concept)。但克劳塞维茨在那句话中真正所指的是战争的绝对形式。

在解读这段话的时候要考虑两个因素。克劳塞维茨在这里谈到了"理想战争"(ideal war),它指耶拿战争以来拿破仑发动战争的方式,在战争中寻找决战的机会,和在战争中倾向于使用无限制的暴力。与"理想战争"相比,发动战争的有限方式只是看起来具有更强的政治性。进言之,在这一语境下,克劳塞维茨自身的政治概念是普遍的、客观化的,它表达了政治形势。他使用的表达表明:战争的动机越激动人心,对交战国双方的影响越深,战争也就越接近它的绝对形态。

在几乎写于同时期的一封信中,克劳塞维茨解释说,在这类战争中,政治与敌对是同一回事:政策越是在考虑全局的层面和国家存在的层面上运行,对交战双方就越会构成"生存还是毁灭"的问题。① 通过回顾克劳塞维茨的双重政治概念,就可以理解他的这些论述。随着战争越来越接近绝对形态,在基于武力的政治概念的意义上,它就变得越来越非政治。那么有限战争呢? 战争越是偏离其"自然"的方向,那么,在克劳塞维茨有关政治的"约定"(conventional)概念的意义上,它就越是受政策影响。[154]但两种战争的类型——尽管从现象上看——在同等程度上以一致性为特征,正如军事目标和政治意图相互一致一样。

当克劳塞维茨假定政治意图与军事目标一致时,他就排除了二者存在冲突的可能了吗? 他是否认为,战争总是并且在任何地方都只是政策的延续? 当克劳塞维茨引入某些战例与大多数战例的区分时,他就对这种一致性进行了限定。在某些战例中,"作战人员的士气和情感"指的是这些人只能被勉强限制在政治意图的框架中。但在大多数战例中,这种冲突不会出现,因为在战争中"情感"通常与相关的政策联系在一起(88)。通过以这种方式对比"某些"战例与"大多数"战例,克劳塞维茨表明,他承认政治意图和战争或军事目的

---

① Clausewitz, *Brief zur Abwehr*, in *Verstreute kleine Schriften*, pp. 498 – 499.

之间存在冲突。这一对战争与政策一致性的限定是一般性的,并不受冲突是否会因为作战人员的"情绪"刺激而发生这个问题的影响,正如在这里,或是克劳塞维茨在其他地方强调的,它由社会、民族以及其他差异或紧张所造成(86–87)。

在此有必要再次强调一下那个最重要的观点。在克劳塞维茨"战争不过是政策通过其他手段的延续"这个公式内部,不同的政治概念之间存在一种紧张。根据其中的第一个概念,在克劳塞维茨对战争的那个十分宽泛的理解背景下,战争不过是政治的延续,是人与国家的政治交往。在这种对政治的理解和诸如社会和文化这样的范畴之间,并不存在清晰的界限。在第二种意义上,克劳塞维茨的公式将政治理解为谋求权力与政治存在做出的斗争,这是耶拿战争之后克劳塞维茨政治思想的核心。在第三种意义上,尽管战争是政治通过其他手段的继续,这里对于这些手段是不同事实的强调,不仅暗示了一种政治概念,它可以通过例如"公民"或达成妥协与和平的能力的范畴进行大致描述,也暗示了战争相对的自主性(可以改变以一种回应性的[reflexive]方式来追求的政策)。

[155]这一公式提出的核心问题不只是它表达了有关政治自身的不同的概念化。这个问题本身并不难,真正的难题之所以产生,是因为克劳塞维茨以一种不加区分的方式,在一个非常简短的公式中概括了这些不同方面,这就为造成误解留下了巨大空间。因为克劳塞维茨仅仅潜在地识别出了有关政治的这些不同特征,他从未直接表达,所以每个人对这个公式的解读都只挑出了其中的一个方面。例如,如果公式被解读为战争只是政治的继续,战争的语法就成了政治的逻辑。这就可能是一种简化处理,甚至导致了对这一公式的颠倒。①

---

① Beatrice Heuser, *Clausewitz lesen*!(这是英文原版的德文增订版。)Oldenbourg: Munich, 2005, p. 60.

如果政治只是某种一般的东西,它的本质是暴力,它就成了战争通过其他手段的延续(正如在福柯的书中所做的)。词语用于描述战争中新发展的方式反映在个体自身的行为中。没有什么地方比福柯笔下更透彻了,福柯完全根据冲突、暴力和权力对社会进行了思考。他认为,战争不是政治的延续,相反,政治是战争通过其他手段的延续。尽管福柯的研究成果令人印象深刻,但他的单向度视角使他得出了成问题的结论。在福柯看来,克劳塞维茨公式的颠倒意味着三种东西:他将政治理解为对于力量不均衡的认可和维护。在"市民和平"(civil peace)框架下,政治体制内的冲突、权力方面的摩擦,以及力量平衡方面的变动都只能被理解为战争的延续。

即便福柯在这个方面是正确的,但这一立场有一个根本的、难以克服的问题:如果不是通过新的斗争,人们如何摆脱这一无所不在的、作为之前的斗争或战争之结果的力量平衡?福柯在逻辑上强化了对克劳塞维茨公式的颠倒的第三层含义。他强调,"最终决断"只能从战争中产生。政治的整个要点在于决战,"只有决战才能终止武力的使用,终止无止无休的战争"。为了消除有关这一立场的一切疑问,福柯强调,战争必须不仅作为一种解释原则而为社会重新发现,它也应当被恢复,从而"一直持续至决战"。[156]"我们必须作为胜利者从这场战争中冒出来。"从对现时代及其暴力的批判出发,福柯的论证"倾向于"(tilts)并带来了对于新的战斗,甚至是以"决战"为形式的新的战斗的证明。[①]

在另一方面,如果我仅仅在与诸如"公民"以及妥协能力的范畴的关系中来构想政治,我们就会否认政治可能以暴力的形式出现。如果真的这么做,我们便无从把握政治和政治条件对战争的影

---

① Michel Foucault, *In Verteidigung der Gesellschaft*. Suhrkamp: Frankfurt, 1999, pp. 26 – 27 and pp. 308 – 309; Michel Foucault, *Society Must Be Defended* (translation of Foucault 1999), London, 2003.

响。战争也就显得像一个独立的整体,不受政治影响。在政治领域,克劳塞维茨表达了一种根本对立,这种对立类似于他在"奇妙的三位一体"的其他两个概念领域中识别出来的对立,这些概念领域中的每一个自身都对立地构成:政治可以理解为权力关系,也可以从诸如法律、妥协能力、追求秩序与自由的能力这些范畴出发得到理解。在克劳塞维茨对政治和战争之间关系的讨论,以及对这个问题的理解史的讨论中,最具启发性的洞见是,忽视相对立的原则之间的张力,通常会导致军事和暴力手段的优先性。这就是两次世界大战中的德军遇到的情况,它也同样出现在那些乌托邦的观念中,最终也出现在类似于福柯的进路之中。[1]

四 政治优先,还是文化优先?

克劳塞维茨的"战争是政策通过其他手段的延续"这一命题是否真的相当于"所有人针对所有人的战争"? 在《战争史》(*A History of Warfare*)中,英国军事史学家基根爵士提出了这个观点。他指责克劳塞维茨是"革命的战争哲学的提倡者",这一哲学源自法国大革命。英国军事作家哈特(Basil Liddell Hart)在两次世界大战的间隙中将克劳塞维茨视为"大规模屠杀与相互屠杀的救世主"。追随这一传统,基根表示世界上仍有地方正在进行部落战争,一些地方充斥着廉价的武器,仍然发生着"所有人对所有人的

---

[1] See Herberg – Rothe, 'Die Umkehrungen Hegels im Marxismus [The reversal of Hegel in Marxism]. Methodologie und politische Theorie. Erweiterter Habilitationsvortrag', in *Jahrbuch für politisches Denken*. Edited by Karl Graf Ballestrem, Volker Gerhardt, Henning Ottmann, and Martyn Thompsen. Stuttgart, 2002, pp. 128 – 151.

战争"。他强调,这教导我们明白如果我们接受克劳塞维茨"战争是政策的延续"这一观念,战争将会使我们遭受何种痛苦。①

[157]基根提及了两个不同并且有争议的主题,他认为这两个主题直接结合于克劳塞维茨的理论。第一个主题是,"绝对战争"和"战争的概念"二者都是绝对的和极端的。第二个主题是,政策的优先性支配着整个战争。我们得承认,的确如基根所言,克劳塞维茨在《战争论》中传达的某些立场看起来可以直接地证实他的批判的一部分。但克劳塞维茨有关"两种类型的战争"的观念拒斥了在绝对战争和他的"战争乃是政治通过其他手段的延续"这个公式之间存在联系。但在《战争论》的第一篇第一章中,克劳塞维茨提到,无限战争以及有限战争,在每一种情形下,都由政治规定。如果这就是克劳塞维茨的立场,那么毫无疑问,他的那个著名公式就不会直接导致"所有人针对所有人的战争"的理念。

我们可以得出结论说,克劳塞维茨的公式有特定的限制,但在这些限制范围之内,这一公式仍然保持着它的有效性。在此,我们必须追问这一公式的地位。在《战争论》第一篇第一章的开头,克劳塞维茨将战争定义为一种使用武力迫使敌人服从于我们意志的行为。如果将克劳塞维茨的公式同他对于战争的"定义"联系起来,就会发现政治意图是目的,战争则是实现这一政治意图的手段。通过这种方式,"定义"与公式相符合。

然而,必须再次强调的是,第一篇第一章结尾的一段话——克劳塞维茨在那里提到了"理论的后果"——正如前面我们所阐明

---

① John Keegan, *A History of Warfare*. Hutchinson:London,1993, pp. 384,18 and 22; cited as Keegan, *History of Warfare*. Liddell Hart; cited Aron, Raymond, *Erkenntnis und Verantwortung*, Munich 1985, p. 416. Keegan, *History of Warfare*, pp. 384–385.

的,有着完全不同的结果。尽管他将战争描述为政策的工具,服从于纯粹理性,但政治也只是影响战争的三种倾向中的一种。其他两个是"最初的暴力"和"创造精神能自由涌现的机运和概然性",克劳塞维茨认为,这三种倾向有如三种不同的法则。

基根和为数不少的一部分人将克劳塞维茨的战争公式视为一个总体现象。他宣称,战争并非政治通过其他手段的延续。[①] 如果我们对所有的战争加以考察,并且援引一种特殊的政治概念,这一主张就是正确的。但克劳塞维茨也采取了同样的立场,这样做并不构成悖论。他宣称,战争是政策的工具,但在他的三位一体概念中,这不过是战争的三种倾向中的一种。克劳塞维茨明确指出战争作为总体现象由三种倾向构成,政治不过是其中的一部分。

"最初的战争"以及现代战争的内在矛盾

[158]基根和克劳塞维茨的立场都受到了法国大革命的极大影响,法国大革命开启了战争向绝对战争的发展过程。基根在19世纪和20世纪战争的历史演变中突出了这个要素。在我看来,其他因素还有:盖耶(Michael Geyer)所谓的"战争的工业革命"、历史演变和训练士兵的成本。[②]

迄今为止,没有迹象表明,存在一种从这些倾向转向绝对战争的简单方式或者确定的可能性。沿着康德的论证,一些作者相信国际性的和平秩序,相信民主和合作的联系,相信国际共同体之间的相互依存。不幸的是,即便是限制的战略也并不能轻易实现。看似有限的战争比无法估量的战争更容易发生。迄今还没有彻底毁灭一切的核战

---

① Keegan, *History of Warfare*, p. 3.
② 就他的还原论而言,福柯正确地凸显出了这些方面。

争,但这只是因为双方目前都还在理性地行动。①

基根的描述同这些概念没有共同之处。他认为,在人类四千多年的历史进程中,发动战争已经成了习惯。

> 在原始社会,这一习惯受仪式和礼仪的约束。而在后原始社会,人类的天才冲破了仪式和礼节的约束,也冲破了人类对发动战争的限制,赋予人类以一种暴力,挑战忍耐的限度,甚至最终超越了这个限度,走向了极端。②

作为一个例子,基根援引了他从第一种"走向极端的相互作用"中提炼出来的克劳塞维茨的观点,在这里,战争被描述为一种被推往极限的暴力行为。在此,基根没有考虑到,克劳塞维茨的三种"走向极端的相互作用"的情形只描述了无限暴力的真正形式,而并未将它们合法化。必须这样来解读克劳塞维茨的说法——战争是武力行为,对于使用这种武力并没有任何逻辑方面的限制(76),因为暴力一点一点超出了它自身的界限。基根得出了令人奇怪的结论:"要拒绝克劳塞维茨宣传的观点",我们不必去思考"改变我们基因遗传的方式"或"脱离我们的物质环境"。我们只需接受发动战争已经成为一种习惯。[159]如果我们希望幸存下去,原始文明中有关"克制,外交和谈判"的习惯"值得重新学习"。基根将克劳塞维茨说成"诱导亚当吃下知识果实的蛇,结果,亚当被逐出了'原始战争'的天堂"。③

在三种"走向极端的相互作用"情形中的第一种中,克劳塞维茨表述了包含在"现代"战争中的一组主要对立。一方面,他认为,

---

① 更完整的进路参见 Herberg–Rothe, *Clausewitz and a New Containment*, in Herberg–Rothe and Strachan, *Clausewitz in the 21st Century*.

② Keegan, *History of Warfare*, p. 385.

③ 同上,页185。

野蛮国家间的战争要比文明国家间的战争更残酷且更具破坏性。克劳塞维茨经历了俄国的原始战争的残酷,在布雷斯纳河之战中,哥萨克人大举屠杀法军。另一方面,他提到,情报较本能的粗俗表达为文明国家提供了使用武力的更有效方式。从他的论述中,可以总结得出,战争的残酷与原始文化和自然状态下的生死之战(追随黑格尔和霍布斯的步伐)的关系更密切。但在近代以来,由于科学、技术、政治和社会的发展,人们能有效使用武力的方式有所增加(76)。这是克劳塞维茨的评价中的主要对立,它随理性、公民事务和思维方式的发展而形成。对武力使用的限制与通过相同的现代发展超越其界限形成了对立。

尽管现代战争的演进存在着内在矛盾,但基根明确区分了"原始的"战争与"现代的"战争。这种差异遮盖了他自身理论中的内在矛盾。一方面,他主张战争成了一种祸端,我们需要一种不给战争发生留下任何空间的新文化。这样的文化转变要求我们同过去决裂,对此没有先例可循。"本书的主旨是,绘制人类文化的路线图,使之从充斥战争的过往走向它的潜在的和平未来。"[1] 另一方面,他表示,在一个"没有军队——没有纪律严明、服从指挥、遵从法律的军队——的世界中,人类将无法生存"。具有这种品质的军队既是文明的工具,也是文明的标志,没有这样的军队,人类就不得不或者活在一个低于"军事视野"的原始水平,或者活在充斥战争的无序混乱中,用霍布斯的话来说,就是活在"所有人反对所有人"的状态中。[2] 再一次地,我们必须质疑基根反对克劳塞维茨的观点。基根将军队视为文明的工具;而克劳塞维茨则认为战争是政治的工具。

我们完全赞同基根的观点,他认为通过避免战争,或者至少限制战争而保全人类,这是 21 世纪最重要的任务之一。他认为,根本

---

[1] Keegan, *Historg of Warfare*, pp. 59 – 60.
[2] 同上,页 384。

的文化转变对完成这一任务来说是必要的,对此我们也赞同。但当基根背离克劳塞维茨,倡导回归"原始人及其战争的习惯"以实现这一目标时,我们就必须质疑他的观点。克劳塞维茨有不一样的目标。尽管他欣赏拿破仑,后者的战略基于无限战争和决战,但克劳塞维茨想要限制这种战争。克劳塞维茨并非和平主义者,他的目标不是避免战争。他的兴趣是战争和有关战争的理论,但他反复强调意图之间的平衡,强调战争的目的和手段,并指出如果这个平衡向一方倾斜,就有必要限制或终止战争,或者有可能,一开始就不发动战争。

> 一旦战争的成本超出了政治目标的价值,就必须放弃这一目标,和平就必须到来。(92,类似论断参见页 81)

在亲身经历过战争及其产生的无限影响后,克劳塞维茨在生命的最后年月,得出了如下结论:战争必须在不同的意图、目标和手段之间权衡,从而限制新的无限战争的出现。

基根关于回归原始战争的观点是什么?在他的书中末尾处,他用这样的概念描述了这种形式的战争:"限制,外交和谈判。"但这些只是"原始战争"的一小部分特征。他原本可以引用国际法的要素发展自己的观点,这些要素在现代战争中仍然得到尊重。但基根区分了"原始战争"中的限制战争的方面与过度使用暴力。这种过度使用暴力在哥萨克人身上十分明显,他们不加选择地破坏、抢劫、奸淫、谋杀,以及犯下无数其他暴行。

基根指出,哥萨克人发动战争的方式并不是政治,而是一种文化或者说一种生活方式。[1] 他描述了在拿破仑军队撤退时哥萨克人是如何残忍,如何不人道,这些让人想起了蒙古人的入侵。当哥

---

[1] Keegan, *Historg of Warfare*, p. 7.

萨克人抓住法军的残余部队时（那些没有来得及在拿破仑烧掉布雷斯纳河上的桥梁前撤退的法军部队），他们进行了大规模屠杀。[161]克劳塞维茨告诉他的妻子，他曾目睹这些骇人的景象："要不是我足够坚强，那些场景会令我疯狂。"①

当然，我们并不想暗示，当基根主张回归原始战争时，他指的是战争的这些负面层面。他本人也强调了这类冲突中的矛盾。但当他将原始战争中的限制战争的层面和它的过度使用暴力的相反效果区分出来时，他就将战争从其文化语境中分离开来。他想要将战争整合到相关文化中去的欲望，不允许一个具有高度技术标准的文明去进行原始的战争。为了将现代文化与原始战争联系起来，有必要首先将"原始战争"中的限制战争的层面和过度使用暴力区分开来。

在对原始战争的详细描述中，基根的言下之意是，那些对战争的限制只能发生在力量相等的对手之间。当向与之力量不对等的平民和民族动武时，暴力往往没有限度。基根或许会说他指的并非这种联系，但当我们严格追随他的论证，就会发现在原始战争中存在的限制仅仅属于与之相关的文化。正如基根承认的，这些对于战争的限制之一就是这些文化使用的武器。如今，人类使用的复杂的毁灭性武器对战争的限制不同于弓箭时代对战争的限制。如果将"原始战争"（例如，游牧民族的战争）转移到一个技术上高度发达，使用大规模杀伤性武器的时代，带来的便是无尽的灾难。

文化优先还是政治优先

与其主要论证相反，基根假定了文化与战争的分离，没有这一分离，原始战争与现代文化之间就不可能存在联系。这一结论与基根自身的将所有形式的战争同它依赖的文化关联在一起的论证构

---

① Clausewitz, cited by Keegan, *History of Warfare*, p.8.

成了矛盾。基根想要通过暗示产生一个贵族制的士兵阶层的亚文化和它自身的战争类型,从而解决这一矛盾。他在对法国大革命的批判中,强调了这个贵族制的方面。他告诉我们,法国大革命的意图在于"赋予多数人之前只有少数人才拥有的权利——这就是贵族制的武士阶层代表的完全的法律自由的资格"。[162]如果不否定法国大革命的模糊特征,对这种完全的法律自由的主张就不能被视为"想要获得平等的狂热"。①

基根还描述了这一亚文化的其他方面。他从服过兵役的学生们那里了解到,一个身着军装的时代是如何将他们引向了一个完全不同的世界。对这一经历的回味使他着迷。闪闪发光的奖章和军装让他神往,他认识到英国军队仿佛处在"部落咒语"之下,这群人的价值和技能与公民社会的其他人迥然不同。基根告诉我们,这种"士兵文化"从来就不是文明的文化。它"触及人心中最秘密的角落,在这里,自我消除了理性,傲气支配一切,感情是首要的事,本能主宰全部"。② 但在基根有关战争的描述中,没有任何部分可以被可靠地论证,这种"士兵文化"对一般意义上的战争的限制做出了贡献。

如果这里真正存在一种不同于文明社会且与之平行的士兵文化,这意味着什么呢?基根的论述并未表达全新的观点:人们普遍接受,所有军队必然有与文明社会其他东西不同的价值观。这也是为什么要将军队和文明社会分开的原因。问题是这些不同的文化如何能够共存。因为现代社会并不只从属于一种文化,人们有必要将不同的"文化",有时候是许多不同的"文化"结合为一种文化。出于这个原因,政治便是社会中相对独立的一部分,它能将不同的亚文化结合到一起。因此,唯有在一个统一的社会中,战争才与文

---

① Keegan,前揭,pp. 364 – 365。
② 同上,pp. xiii – xvi;p. 3。

化相关(在基根赋予这个术语的含义上来讲),严格来说,只有在原始社会中才是如此。

在著作的结尾,基根认为,政治必须继续存在,而战争不能再继续。这一观点不是说士兵的角色就此结束。世界共同体较之以往任何时候都更需要掌握技能、纪律严明的士兵,需要他们随时为这个共同体的权威服务。这样的士兵应该被正当地视为文明的捍卫者,而非文明的敌人。他们为文明而战的方式——反对种族偏见,反对地区性的军阀,反对意识形态僵化者,反对有组织的国际罪犯——不仅是源自西方的发动战争的模式。基根建议未来的和平守卫者[163]和缔造者要从其他军事文化中学习,不单学习东方的军事文化,还要学习原始社会的军事文化。①

我们必须追问"原始战争"的概念如何适用于这个世界共同体。基根这样来描述自然的战争行为:

> 自然主张斗争,主张怯弱,主张自私自利;自然塑造了哥萨克人,在这里,如果人们选择战斗就进行战斗,反之,人们也可能在战场上从事商业活动,如果这一点适合于他们的目的的话。(同上,页10)

这种原始社会中的战争手段同服务文明的军队形成鲜明对比,根据基根的观点,文明的军队以服从、纪律和遵守法纪著称。在另一个地方,基根提到了希腊的强盗:"他们活着只为了有朝一日能去战斗,但不是为了赢得战争,他们并不理解为何要如此。"(同上,页392)当然,这样的态度必然意味着对战争的缩减和限制,但服务于世界共同体的军队也应该进行这样的战争吗?基根的主要问题在于,他建议"服务于世界共同体的军队"应该以原始战争为形式进

---

① Keegan,前揭,页16。

行战争。这一观点实际上同他自身的一个论证形成对立,即战争的形式同它们自身的文化相关联。根据他的主张,只要战争不再是政治的继续,唯有原始文化中才能进行原始的战争。

基根有关返回原始战争形式的讨论是想进行一种尝试,将民主社会中的军队活动同政治领导的优先性分离开来。这就是他反驳克劳塞维茨的政治真相。他有关克劳塞维茨的争论言过其实,也很过分,因为,唯有他对克劳塞维茨的不真实的描述才能为他的立场提供支持。基根有关服务于世界共同体的士兵的观点存在内在矛盾。他指出,这些士兵必须要为文明而战,反对"种族偏见者、地区性的军阀、意识形态僵化者以及有组织的国际犯罪"。[1] 但主要问题在于,这些士兵究竟应该遵循世界共同体的政治秩序来行动,还是应该像国家警察那样独立采取行动呢?

在他的例子中,基根简单地忽视了警察和军事行动的不同任务,以捍卫他自身有关"士兵"应独立于政治的观点。在规则或管理制度遭到破坏时,警察才能采取行动,他们不需要接受直接的政治命令。但对于军队来说,这样做毫无意义。只要不存在相应的法律和规则,[164]正如在"世界国家"中那样,他们就只能根据政治命令来采取行动。比如,基根宣称,不同于其他任务,反对"地区性军阀"的战斗只能根据政治命令来展开。[2] 在这种情形下,基根假定的服务于世界共同体的"士兵"的战斗,就可能是共同体政治通过其他手段的延续。

最常见的评论之一认为,克劳塞维茨的理论只适用于国与国之间的战争。但克劳塞维茨有关国家的概念必须被理解为一种共同体。这一解读基于《战争论》中一个经常被忽略的章节,在这里,克劳塞维茨讨论了"处于半野蛮状态的鞑靼人、古代共和国、封建领

---

[1] Keegan,前揭,页392。
[2] 同上。

主、中世纪的贸易城市、18 世纪的国王和统治者,以及 19 世纪的统治者和人民"(586)。尽管谈及不同人群,但他强调:在这些情形下,战争也同样是他们的政治通过其他手段的延续。然而,这就使之不可能表达出现代国家的政策和发动战争的不同共同体之间的价值差异。因此,通过将好战群体加入战争共同体中来,作为一般范畴的政治优先性的补充,就有其意义。如果这些共同体是国家,那么,我们就可以谈论现代意义上的政策,如果它们是种族共同体、宗教共同体或者其他共同体,那么,这些共同体的价值体系则是最重要的因素。尽管我们可能会使用"战争共同体"概念替代克劳塞维茨的"国家"概念,但我们仍然忠诚于他对国家体现出来的东西的理解。

很明显,基根(在他有关一个更为和平的世界的观点中)并未意识到自己返回到了此前极力批驳的克劳塞维茨式的战争公式上面来,也就是"战争是政治通过其他手段的延续"这一公式。唯一的区别在于,基根认为这不是独立国家的政治的延续,而是世界共同体的政治的延续。如果说克劳塞维茨最强烈的批判者都无意识地回归了他的观念的话,那么,对于他的理论和他对我们时代的相关性,就再也没有比这里更强烈的证实了。他们潜在地支持的不过是对克劳塞维茨的新解读,这或多或少有悖于他们自己的意愿。至此,我们已经收集并写出了对这些新解读的一些困惑,对克劳塞维茨理论的描绘也就要结束了。但这不是"结束的开始",而毋宁是一个全新的"开端"。

参考文献

Aron, Raymond (1980). *Den Krieg denken*. Frankfurt: Propylaen.
Bassford, Christopher (1994). *Clausewitz in English: The Reception of Clausewitz in Britain and America, 1915–1945*. New York: Oxford University Press.
—— and Edward J. Villacres (1995). 'Reclaiming the Clausewitzian Trinity', *Parameters*, pp. 9–19.
Baumann, Timo (1997). 'Friktion und Chaos. Clausewitz und das naturwissenschaftliche Weltbild', *Zeitschrift für Geschichtswissenschaft*, 8.
Clausewitz, Carl von (1976, 1984). *On War*. Translated and edited by Michael Howard and Peter Paret. Princeton, NJ: Princeton University Press.
—— (1980). *Vom Kriege*. Edited by Werner Hahlweg, Bonn (reproduced 1991 and 2003).
—— (1980). *Verstreute kleine Schriften*. Osnabrück.
—— (1966 and 1990). *Schriften, Aufsätze, Studien, Briefe*, 2 Vols. Edited by Werner Hahlweg. Göttingen.
—— (1992). *Politische Schriften und Briefe*. Edited by Hans Rothfels, Munich.
Creveld, Martin van (1991). *The Transformation of War*. New York: Free Press.
Dill, Guenther (1980). *Clausewitz in Perspektive*. Frankfurt: Ullstein.
Duyvsteyn, Isabelle (2004). *Clausewitz and African War. Politics and Strategy in Liberia and Somalia*. London: Routledge.
Echevarria, Antulio II (2005). *Fourth-Generation Warfare and Other Myths*. Carlisle.
Ehrenreich, Barbara (1997). *Blood Rites. Origins and History of the Passions of War*. New York: Metropolitan Books.
Foucault, Michel (2003). *Society Must Be Defended*. London.
Frevert, Ute (ed.) (1997). *Militär und Gesellschaft im 19. und 20. Jahrhundert*. Stuttgart.
Gat, Azar (2001). *A History of Military Thought*. Oxford: Oxford University Press.
Gray, Colin S. (2005). *Another Bloody Century. Future Warfare*. London: Weidenfeld & Nicholson.
Grossman, Dave (1995). *On Killing: The Psychological Costs of Learning to Kill in War and Society*. Boston, MA: Little, Brown.
Herberg-Rothe, Andreas (1998). 'Opposizioni nella teoria politica della guerra di Clausewitz', *Scienza & Politica*, 19: 23–45.

―― (2000). 'Clausewitz und Hegel. Ein heuristischer Vergleich', *Forschungen zur brandenburgischen und preußischen Geschichte* 1. Berlin: Duncker & Humblot.
―― (2001). *Das Rätsel Clausewitz. Politische Theorie des Krieges im Widerstreit.* Munich.
―― (2001). 'Primacy of "Politics" or "Culture" Over War in a Modern World: Clausewitz Needs a Sophisticated Interpretation', *Defense Analysis*, 17(2): 175–86.
―― (2001). 'Clausewitz oder Nietzsche. Über den gegenwärtigen Paradigmenwechsel in der politischen Theorie des Krieges', *MERKUR* 3: 246–51. Berlin, March. (Version in Italian: 'Clausewitz oder Nietzsche. Sul mutamento di paradigma nella teoria politica della guerra', *futuri. Osservatorio stampa tedesca.* Berlin, July 2001; Version in Swedish: 'Clausewitz eller Nietzsche', *Res Publica* 54; pp. 17–22. Stockholm, March 2002.)
―― (2002). 'Die Umkehrungen Hegels im Marxismus. Methodologie und politische Theorie. Erweiterter Habilitationsvortrag', in Karl Graf Ballestrem, Volker Gerhardt, Henning Ottmann, and Martyn Thompsen (eds.), *Jahrbuch für politisches Denken.* Stuttgart.
―― (2003). *Der Krieg. Geschichte und Gegenwart.* Frankfurt: Campus.
―― (2004). 'Hannah Arendt und Carl Schmitt. Vermittlung von Freund und Feind', *DER STAAT* 1, pp. 35–55.
―― (2005). *Lyotard und Hegel. Dialektik von Philosophie und Politik.* Passagen: Vienna.
―― (2006). 'Privatized Wars and World Order Conflicts', *THEORIA*, August.
―― (2007). 'Clausewitz's Trinity as a General Theory of War and Violent Conflict', *THEORIA*. Forthcoming.
―― (2007). 'Clausewitz and a New Containment', in Herberg-Rothe and Strachan (eds.), *Clausewitz in the 21st Century.* Forthcoming.
―― and Hew Strachan (eds.) (2007). *Clausewitz in the 21st Century.* Oxford: Oxford University Press. Forthcoming.
Heuser, Beatrice (2002). *Reading Clausewitz.* London: Pimlico.
―― (2005). *Clausewitz lesen!* (extended German version of the original English text). Munich: Oldenbourg.
Hirschfeld, Gerhard et al. (eds.) (1993). 'Keiner fühlt sich hier als Mensch...'. *Erlebnis und Wirkung des ersten Weltkrieges.* Essen.
Howard, Michael (1983). *Clausewitz.* Oxford: Oxford University Press.
―― (1984). *War in European History.* Oxford: Oxford University Press.
Huai-nan tzu (1990). *The Book of Leadership and Strategy.* Translated by Thomas F. Cleary. Boston: Shambhala, MA.
Kaplan, Robert D. (2002). *Warrior Politics.* New York: Vintage Books.

Keegan, John (1987). *The Mask of Command*. London.
―― (1993). *A History of Warfare*. New York: Alfred E. Knopf.
―― (1995). *Die Kultur des Krieges*. Berlin: Rowohlt.
Kondylis, Panajotis (1988). *Theorie des Krieges: Clausewitz–Marx–Engels–Lenin*. Stuttgart.
Lonsdale, David (2004). *The Nature of War in the Information Age. Clausewitzian Future*. London: Frank Cass.
McNeilly, Mark (2001). *Sun Tzu and the Art of Modern Warfare*. Oxford: Oxford University Press.
Moran, Daniel and Arthur Waldron (eds.) (2003). *The People in Arms*. Cambridge: Cambridge University Press.
Muenkler, Herfried (1992). *Gewalt und Ordnung*. Frankfurt: Fischer.
Paret, Peter (1976). *Clausewitz and the State*. Princeton, NJ: Princeton University Press.
―― (1992). *Understanding War. Essays on Clausewitz and the History of Military Power*. Princeton, NJ: Princeton University Press.
―― (1993). *Clausewitz und der Staat*. Bonn: Duemmler.
―― and Dan Moran (eds.) (1992). *Carl von Clausewitz. Historical and Political Writings*. Princeton, NJ: Princeton University Press.
Rothfels, Hans (1980). *Carl von Clausewitz. Politik und Krieg*. Bonn.
Schmitt, Carl (1996). *Der Begriff des Politischen*, 6th edn. Berlin.
Schwartz, Karl (1878). *Leben des Generals Carl von Clausewitz und der Frau Marie von Clausewitz geb. Gräfin Brühl*. 2 vol. Berlin.
Smith, Hugh (2005). *On Clausewitz: A Study of Military and Political Ideas*. New York: Palgrave/Macmillan.
Sofsky, Wolfgang (1996). *Traktat über die Gewalt*. Frankfurt: Fischer.
Sternberger, Dolf (1961). *Begriff des Politischen. Der Friede als der Grund und das Merkmal und die Norm des Politischen*. Frankfurt.
Strachan, Hew (2007). *Clausewitz—On War*. London. Atlantic Books. Forthcoming.
Stumpf, Reinhard (1993). *Kriegstheorie und Kriegsgeschichte. Carl von Clausewitz. Helmuth von Moltke*. Frankfurt: Deutscher Klassiker Verlag.
Summers, Harry G. Jr. (1982). *On Strategy: A Critical Analysis of the Vietnam War*. Novato.
Vollrath, Ernst (1984). *Neue Wege der Klugheit. Zum methodischen Prinzip der Theorie des Handelns bei Clausewitz*. In *Zeitschrift für Politik* 31:1.
Wilbrand, Johann Bernhard (1819). *Das Gesetz des polaren Verhaltens in der Natur*. Giessen.

索引

absolute terms 70–71
absolute war 21, 37, 46, 56, 68–87, 95, 101, 102, 110, 113, 145, 153, 157, 158
act of force, war as 104, 108
act of war:
  aim of 45–46
  duration of 54, 55
  isolated 53
action 53, 58, 104, 106, 112, 116, 117, 119, 141, 142, 143, 144, 149
  in war 92, 103, 113, 114, 117
action and counteraction 92, 102–111, 115, 116, 117, 119, 141, 146
  asymmetrical 105, 106, 107, 111, 112, 114, 116, 117–118, 142
  symmetrical 105, 106, 107, 111, 114, 116, 117–118
  in war 111–112, 114
Alexander I, Tsar of Russia 28, 47
Amdt, E. M. 19
antitheses 6, 37, 38, 52, 58, 66, 70, 78, 91, 94, 96, 97, 100, 102–103, 109, 114, 116, 117, 119–120, 126, 128–129, 130, 131, 133, 138, 142, 144, 156, 159
  see also logical antithesis
  true logical antithesis
  leadership 143–144
  negative and positive purpose 131–132, 134
  polarity 125–126, 129
  tendencies 137, 138
  unity 121, 122, 127, 137
Aristotle 54
armies 122
  political orders and 164
Aron, R. 9, 21, 70, 71, 72, 73, 74, 75, 85, 91, 93, 100, 120, 127, 128, 141, 145
art of war 143–144
Art of War, The (Sun Tzu) 7–9
atomism 126
attack 56, 107, 132, 133
  non-attack 135–138
  positive purpose of 112, 116, 134
  primacy of the 25, 27, 32, 37
attack and defence 95, 107, 112, 119–138
  asymmetry 111–112, 133
  polarity 124
Auerstedt (1806) 2–3, 25, 29, 34, 36, 80, 142

balance:
  of interests 101, 149
  of power 155
  purposes, aims and means 160
Bassford, C. 11
Battle of Ulm (1805) 22
battles 8, 36, 71, 94, 122, 127, 149, 155, 163
  decisive 22, 59, 155–156
  order of 16–17
Belgium (1815 campaign) 83
Belle-Alliance 32
Berezina (1812) 16, 24, 159, 160
binary codes 137
blind natural force 96, 102
blind violence 71–72
Blitzkrieg 60
Blücher, G. von 33
Bohr, N. 129
Borodino (1812) 16, 122
Bredow, W. von 39
Britain 33–34
British forces 33, 162

chameleon, war as 2, 96
chance, extreme of 113
  see also play of chance and probability
civil policy 148, 149
civil wars 7, 8, 48, 61
civilization 162
  armies as instruments of 160, 163
  wars between nations 54, 159
class struggle 146
Clausewitz, Marie von 4–5
collective security 62
combat 41, 43, 49, 65, 72, 79, 94, 101, 105, 106, 124, 134, 135, 138

community:
  death of 48
  political 52
  religious 49–50
complementarity 129–130
concept/reality antithesis 44
concept of defence 106, 111, 116, 132
concept of politics 101, 113, 144, 145–150, 151–154, 156
concept of war 3, 19, 22, 37, 40, 52, 54, 68, 69, 71, 73, 75, 76, 77–78, 81, 85–87, 94, 98, 99, 102, 103, 106, 108, 117, 119, 151, 157
  see also pure concept of war
conduct of war 2, 8, 21–22, 25, 33
  Iraq war (2003) 7
counteraction *see* action and counteraction
Cossacks 159, 160
Creveld, M. van 5, 6, 10, 91
cruelty 40–41, 43
culture:
  Cossacks 160
  politics 154
  primacy of 156–157, 161–164
  society and 162
  traditional, struggle for 43
  transformation 159, 160
  and war 42, 72, 73, 74, 161

death 48, 56
  individual fear 48–49, 50
defeat 50, 112, 116, 118
defence 3, 9, 45, 62, 106–107, 123, 131, 133, 134, 135
  see also attack and defence
  concept of defence
  negative purpose of 112
  non-defence 135–138
  primacy of 4
  purpose of 106–107
  Russian campaign 29, 31
destruction 16, 39, 50, 60, 64, 74, 145, 160, 161
  of enemy forces 15, 22–24, 32, 34, 36, 48, 81, 112
  fear of 50–52, 59
  of Napoleon's army 35
  principle 3, 5, 47
dialectics 120
Diner, D. 141
diplomacy 26, 32, 148, 159, 160

disinhibition:
  effects 63, 65–67
  force 47, 65
  of violence 48, 74–75
duels 57, 58, 95, 106, 120
  extended 56, 57
  individual 55–56, 57, 65
  on larger scale 55–56, 106, 108
  polarity 121, 127, 130, 138
  symmetry 107, 133
  war 72, 105, 106
dynamism 126, 137

extended duels *see* duels, extended
Echevarria, A. 9, 11
enemy 63, 64
  destruction of 77, 79, 81
  disarming the 45–46, 48–50
  imposing will on 103, 104, 105, 107, 112, 132, 157
  in war 92, 106, 117–118
Engels, F. 123
enmity 96, 153
escalation of war 24, 39, 40, 41, 42, 44, 48, 49, 51, 58–62, 64, 65, 66, 67, 68, 71, 74, 91–92, 95, 101, 109, 111, 113, 114, 118
  see also limitations of war
  logic 100, 113
  mutual 46–47
Europe 7, 16, 17, 30, 33, 62, 65, 80
  militarization 70, 75
  revolution in 19
existential war 3, 32, 37, 101
  construction of 17–19, 21, 27
expansion, expansionism
  of war 21, 32, 37–40, 43, 44, 50, 52, 64–67, 69, 76, 115
experiences:
  military 82
  war (Clausewitz's) 86
extermination 70, 73, 76, 80
extreme war 46, 73, 75, 91, 101, 102, 157

Fanon, F. 19
fear 39–67
  of being killed 74
Fichte, J. G. 25, 26, 46, 121
fighting 8, 22–23, 45, 55, 56, 94, 107, 128–129
  concept of 83–84, 101, 105, 106–107, 111
  war and 69, 74, 78–79, 91, 94, 116
  without positive intention 112

floating between contrasts 122, 150
Förster, S. 16
force 41, 50, 51, 66, 91, 102, 100, 108, 121, 150
   act of 44–45, 50–51, 157, 158
   as a means 65–66, 102
   monopoly of 62–63
   use of 45–46, 50, 61, 65–66, 68, 74, 103, 141, 159
      maximum 46–48
      unrestrained 63, 66
Foucault, M. 155, 156
fourth generation warfare 7–8
France 18, 33–34
   borders 32
   political circumstances 33, 139, 146
   Russian campaign 29
   warfare based on French model 21
Frederick the Great (Frederick II, King of Prussia) 16–17, 25
French 25, 80
French armies 26, 35, 159
   before Napoleon 146
   pursuit of 33
   in Russia 27, 29
   Waterloo 33
French Revolution 17, 19, 22, 40, 43–44, 69, 77, 115, 146, 156, 158, 160, 161
   aristocratic aspect of 161–164
Freyer, H. 76
friction (of war) 81–83, 136
Fuller, J. 22

game theory 91
Gat, A. 4
Germany 17–18, 42, 156
   militarization 70
   nation 19, 26
   natural sciences 121
   unification 60
Geyer, M. 158
Gneisenau, A. von Count 33
Goebbels, J. 70
Goethe, J. W. 120, 121
Golenishchev-Kutosov, M. I. 122
Goya, F. 41
grammar of war 141, 150–152, 155
Gray, C. S. 10
Greece 51
guerrilla war (Spain) 41, 140

Hahlweg, W. 11, 71
Hegel, G. W. F. 121, 125, 127, 128, 130, 144, 150, 159
Herberg-Rothe, A. 10
Heuser, B. 5, 11
high-tech wars 61
historical conditions 29
   warfare 30
history 54, 150
   situation 117
   of warfare 86
Hobbes, T. 62–63, 159
Holden, G. 11
Honig, J. W. 11
Howard, M. 4
Humboldt, A. von 121
Humboldt, W. von 151

ideal war 153
immediacy 134–135
individual duel *see* duels, individual
industrialization 74–75
instrumental warfare 3, 49, 66
interactions 67, 70–71, 77
   antithetical elements 119
   and extreme 40–46, 48, 51, 52, 55, 56, 58–59, 62, 63, 65, 70, 72, 74, 76, 78, 85, 87, 92, 100–101, 103, 105, 108, 113–114, 121, 158, 159
   and limited war 47, 56, 58–59, 101, 108–109
   and moderation 53, 59, 60–61, 63, 73, 83, 108
internal laws 54, 73
interruption to war 113
invasion 107
Iraq 64
   wars (1991, 2003) 7
Israel 64

Jena (1806) 2–3, 9, 15–17, 24, 26, 30, 31–32, 36–38, 39, 42, 69, 79–85, 140, 141, 142, 146, 147, 148, 153, 154
Jünger, E. 19

Kant, I. 47, 79, 121, 123, 125, 126, 158
Keegan, Sir J. 5, 6, 10, 73, 74, 75, 82, 83, 157, 158, 159, 160, 161, 162, 163, 164
Kessel, E. 71
Kiesewetter, J. G. 79, 121, 133
Körner, T. 19
Kondylis, P. 71, 72, 73, 142, 145, 149

language 151–152
laws of polarity 122
laws of war 74, 106
Leipzig (1813) 15, 16, 33
Levin, R. 121
Liddell Hart, B. 70, 156
limitations of war 5, 39–55, 59, 61, 63, 64, 65–67, 69, 73, 80, 93, 94, 101, 114, 115, 139–140, 153, 157, 158, 160, 161, 162, 163
  see also escalation of war
  by duration 55–67
  see also unlimited war
Linnebach, C. 118
logic of policy 155
logic of war 72, 74, 150–152
logical antithesis 135–137
  see also antitheses
  true logical antithesis
Ludendorff, E. 70, 75, 76
Jena (1806) 2, 9, 25, 27, 148

Machiavelli, N. 26, 62–63, 147, 150
McNeilly, M. 8
Marxism 156
mediacy 134, 135, 138
military 19, 21, 35, 163
  actions 64, 110, 114, 134–136, 163
    after end of 132
    duration of 55
    standstill 136, 138
  aims 76–77, 153, 154
  force 37
  over policy 25–27, 32
  leadership 17, 143, 148–149
  power 26, 36, 148, 149
  primacy of 5, 156
  strategy 2–3, 9
  success 8, 19, 21, 27, 42
misinterpretation 139
moderation in war 54, 55, 64, 67, 72, 73, 74, 75, 95, 111
modern warfare 8, 158–161
Moltke, H. von 60, 94
monism 137
moral case, for war 47
Moran, D. J. 11
Moscow (1812) 9, 15–16, 27–32, 36–38, 39, 42, 69, 79–85, 139, 140, 141
Münkler, H. 18, 47, 52, 66

Napoleon Bonaparte:
  abdication 32
  armies 22
  campaigns 28–30
  military genius 26–27, 30–32, 82, 140
  Russian campaign 122, 160
  strategies 2, 4, 5, 8, 9, 25, 37, 160
    in Russia 27–32
  successes 3, 4, 17, 22, 24, 26–27, 36, 60
  and war 42, 69, 78, 80–81, 84, 153
  Waterloo 2, 3, 15, 33–37, 142
national unity 142
natural sciences 81–82, 121
nature of war 66–67, 92
neutrality, Prussia 26
non-attack 135–138
non-defence 135–138
Noetzel, T. 39
note:
  of 1827 73, 84, 93, 94, 139–141
  Second 128
  undated 4–5, 95
nuclear arms race 64
nuclear war 145

objective politics 145–147
outdoing the enemy 40–44

Paret, P. 4, 18, 25, 26, 120, 150
partisan warfare 43, 112
  Spain 41, 42–43
peace 48, 61, 63, 84, 147–148, 154, 155, 158, 162–163
Peloponnesian War 51–52
Plato 51, 52
play of chance and probability 76, 96, 100–101, 113, 117
polarity/polar opposites 111–112, 119–138
  see also antitheses, polarity
  of the duel 47, 48, 107
  and true logical antithesis 137–138
  Wilbrand on 125–126
police 163
policy 5, 36, 73, 95, 101, 102
  continuation by other means 84, 95, 96, 97, 98, 114–115, 139–141, 143–146, 152, 154, 156
  goals 18, 143
  influence of 115, 117
  primacy of 37, 76, 84, 94, 97, 143, 145, 157
  vs. political intercourse 141–142
  war and 31, 34, 38, 76, 79, 95, 99, 109, 114, 139–140, 145, 152
political conditions 55, 115

political leadership 143–144, 148–149, 163
political purpose of war 45, 115
political subject 30–31, 43
political theory of war 15–18, 36, 91–93
politics 8, 18, 84, 119, 141–142, 150, 155, 157, 162, 164
    see also concept of politics
    essence 26, 147
    peace and 147–148
    power and 147
    primacy of 3, 24, 156–157, 161–164
    purpose of 116, 145, 153, 154
    situation after war 73, 83
    war and 68, 72–73, 74–76, 83, 109–110, 139–164
        effects of 42
        instrument of 160
        purpose of 44–45
power 39–67, 147, 155, 156
    concept of 62, 101
    and force 149
    Foucault on 155
    loss of 51–52
    tendencies 61–63
primitive warfare 158–161, 163
primordial violence 96, 98–100, 101, 116, 117
    see also violence
principle of destruction see destruction principle
probability see play of chance and probability
Prussia 18, 19–20, 34, 37
    army 17, 35, 69, 80
        Napoleon's pursuit of 33
    defeats 2, 15, 18, 25, 26, 27, 32, 142, 144
    leadership 146, 148
    liberation 17, 19, 41
    military reforms 75, 80
    militia 41, 69
    political conditions 30–31
    society 26
    state 20, 80, 142, 148
    war with Russia 31–32
pure concept of war 78, 79, 86, 87
    see also concept of war

rational political action 71–72
real wars 37, 54, 67, 68–87, 95, 97
reality of wars 69, 77, 79, 80, 83, 95, 108–109, 144
reductionism 76
revolution, in Europe 19, 20

revolution in military affairs (RMA) 7
Ritter, G. 71
Rothfels, H. 71
Russia:
    Empire 140
    primitive warfare 159
    war of extermination 43, 44
    war with Prussia 31–32
Russian campaign (1812) 2, 3, 7, 15, 27–32, 34, 37, 81, 82, 122, 124, 131
Russian empire 28

savages, wars between 54, 159
Scharnhorst, G. von 18
Scheler, M. 19
Schelling, F. 121
Schlieffen, A. von, Count 60
Schiller, F. 121
scorched earth tactics 27
self-preservation 49, 62, 63, 112, 133
Senghaas, D. 145
social anarchy 7
social conditions 54, 101, 142
society 74
    effects of war 41, 48
    Foucault on 155
    policy 162
    politics 154
Sofsky, W. 48, 104, 107
Southeast Asia, USA defeat in 7
Soviet Union 10; see also Russia
Spain:
    Napoleon's campaign in 16
    partisan warfare 40, 42–43
state:
    allies 55
    as consciousness of freedom 150
Steffens, H. 121
Stephan, C. 42
Strachan, H. 10
Strategic Information Warfare (SIW) 7–8
Stumpf, R. 93, 94, 97
Sub-Saharan Africa 7
subjective politics 73, 145–146
Summers, H. G. 6
Sun Tzu 7, 8–9

temporal aspects of war 56
temporal dimension 54, 55, 58
tendencies 52, 104, 119, 122, 157
    balance between 96, 97–98
    to limitations of war 52–55

tensions 41, 59, 65–66, 79, 154
　between contrasts 74
　from gaining power 101
　Prussia after Jena 20
　between states 110
Testament 95, 97, 117–118
territory, occupation of 107
theory of war 2, 4, 6–7, 9, 15–16, 26–27, 36,
　　38, 54, 68, 69, 70, 71–72, 77–80,
　　83–85, 87, 91, 94–97, 99, 101,
　　108–109, 116, 122, 131, 134, 143–144,
　　157, 160
three interactions *see* interactions
Thucydides 51, 52
time:
　brief moment in 54
　category of 57–58, 61–62
　reason for moderation 55
　restrictions imposed by 83
time horizon 60–61
total war 69, 70, 73, 75–77, 115
totality 62, 139
　of war 151
totalization of war 76
tribal wars 156
trinitarian war 6
Trinity 4, 5, 6, 9, 10, 40, 69, 85–87, 91–118,
　　126, 138, 141, 156, 157
true logical antitheses 119–120, 126,
　　127–130, 131, 135–136
　see also antitheses
　and polarity 137–138
truth 79–80

uncertainty of war 63–64, 113
unlimited war 5, 42, 44, 93, 94, 115, 116, 157,
　　160
　see also limitations of war
unrestrained war 139–140, 153
USA 7, 10

victory 34–35, 36, 124
　attack and 133
　Napoleon's 32, 60
　on battlefield 22–23
　true 8
Vietnam 7
violence 3, 7, 18, 19, 25, 37, 39–67, 72, 74, 83,
　　101
　acts of 40–41, 65, 66–67
　escalation of 71, 118
　expansion of 32, 36, 42, 50
　extreme 42, 44, 48, 49, 74, 83, 86
　Foucault on 155, 156
　as means 65–66
　primacy 156
　in political life 26
　unrestrained 21–22, 24, 27, 29, 37, 40
　　of partisan warfare 43
　use of 47, 48
　　in civil wars 48
　　in war 50, 74
Vollrath, E. 103, 104
von Bülow, K. 69

warlords 9
wars of liberation 19, 69
wars with knifes and machetes 61
Waterloo (1815) 2–3, 9, 15–16, 32–34, 36–38,
　　39, 69, 79–85, 139, 140, 141, 142, 146
wave-particle dualism 129
weapons 65
　of mass destruction 161
Weber, M. 50, 147
Wellington, Sir Arthur Wellesley, Duke of 33
Wilbrand, J. B. 125, 126
wondrous Trinity *see* Trinity
World War I 19, 42, 48, 60, 75
World War II 42, 48, 60, 73
world wars 16

Yugoslavia, former 7

图书在版编目（CIP）数据

克劳塞维茨之谜：战争的政治理论/（英）赫伯格-罗特著；韩科研，黄涛译.--北京：华夏出版社有限公司，2020.7
（西方传统：经典与解释）
书名原文：Clausewitz's Puzzle: The Political Theory of War
ISBN 978-7-5080-9902-6

Ⅰ.①克… Ⅱ.①赫… ②韩… ③黄… Ⅲ.①战争理论 Ⅳ.①E8

中国版本图书馆CIP数据核字(2020)第020693号

© Andreas Herberg-Rothe 2007
First published in English by Palgrave Macmillan, a division of Macmillan Publishers Limited under the title On Clausewitz by Hugh Smith. This edition has been translated and published under licence from Palgrave Macmillan. The author has asserted his right to be identified as the author of this Work.

北京市版权局著作权合同登记号：图字01-2016-8095号

克劳塞维茨之谜——战争的政治理论

作　　者	［英］赫伯格-罗特
译　　者	韩科研　黄涛
责任编辑	王霄翎　刘雨潇
责任印制	刘　洋
出版发行	华夏出版社有限公司
经　　销	新华书店
印　　装	三河市少明印务有限公司
版　　次	2020年7月北京第1版　2020年7月北京第1次印刷
开　　本	880×1230　1/32
印　　张	7.25
字　　数	172千字
定　　价	49.00元

华夏出版社有限公司　地址：北京市东直门外香河园北里4号　邮编：100028
网址：www.hxph.com.cn　电话：(010)64663331(转)
若发现本版图书有印装质量问题，请与我社营销中心联系调换。

西方传统：经典与解释
Classici et Commentarii
HERMES
刘小枫◎主编

古今丛编

克尔凯郭尔　[美]江思图 著
货币哲学　[德]西美尔 著
孟德斯鸠的自由主义哲学　[美]潘戈 著
莫尔及其乌托邦　[德]考茨基 著
试论古今革命　[法]夏多布里昂 著
但丁：皈依的诗学　[美]弗里切罗 著
在西方的目光下　[英]康拉德 著
大学与博雅教育　董成龙 编
探究哲学与信仰　[美]郝岚 著
民主的本性　[法]马南 著
梅尔维尔的政治哲学　李小均 编/译
席勒美学的哲学背景　[美]维塞尔 著
果戈里与鬼　[俄]梅列日科夫斯基 著
自传性反思　[美]沃格林 著
黑格尔与普世秩序　[美]希克斯 等著
新的方式与制度　[美]曼斯菲尔德 著
科耶夫的新拉丁帝国　[法]科耶夫 等著
《利维坦》附录　[英]霍布斯 著
或此或彼(上、下)　[丹麦]基尔克果 著
海德格尔式的现代神学　刘小枫 选编
双重束缚　[法]基拉尔 著
古今之争中的核心问题　[德]迈尔 著
论永恒的智慧　[德]苏索 著
宗教经验种种　[美]詹姆斯 著
尼采反卢梭　[美]凯斯·安塞尔-皮尔逊 著
舍勒思想评述　[美]弗林斯 著
诗与哲学之争　[美]罗森 著
神圣与世俗　[罗]伊利亚德 著
但丁的圣约书　[美]霍金斯 著

古典学丛编

赫西俄德的宇宙　[美]珍妮·施特劳斯·克莱 著
论王政　[古罗马]金嘴狄翁 著
论希罗多德　[古罗马]卢里叶 著
探究希腊人的灵魂　[美]戴维斯 著
尤利安文选　马勇 编/译
论月面　[古罗马]普鲁塔克 著
雅典谐剧与逻各斯　[美]奥里根 著
菜园哲人伊壁鸠鲁　罗晓颖 选编
《劳作与时日》笺释　吴雅凌 撰
希腊古风时期的真理大师　[法]德蒂安 著
古罗马的教育　[英]葛怀恩 著
古典学与现代性　刘小枫 编
表演文化与雅典民主政制
[英]戈尔德希尔、奥斯本 编
西方古典文献学发凡　刘小枫 编
古典语文学常谈　[德]克拉夫特 著
古希腊文学常谈　[英]多佛 等著
撒路斯特与政治史学　刘小枫 编
希罗多德的王霸之辨　吴小锋 编/译
第二代智术师　[英]安德森 著
英雄诗系笺释　[古希腊]荷马 著
统治的热望　[美]福特 著
论埃及神学与哲学　[古希腊]普鲁塔克 著
凯撒的剑与笔　李世祥 编/译
伊壁鸠鲁主义的政治哲学
[意]詹姆斯·尼古拉斯 著
修昔底德笔下的人性　[美]欧文 著
修昔底德笔下的演说　[美]斯塔特 著
古希腊政治理论　[美]格雷纳 著
神谱笺释　吴雅凌 撰
赫西俄德：神话之艺
[法]居代·德·拉孔波 等著
赫拉克勒斯之盾笺释　罗逍然 译笺
《埃涅阿斯纪》章义　王承教 选编
维吉尔的帝国　[美]阿德勒 著
塔西佗的政治史学　曾维术 编

古希腊诗歌丛编
古希腊早期诉歌诗人 [英]鲍勒 著
诗歌与城邦 [美]费拉格、纳吉 主编
阿尔戈英雄纪（上、下）
[古希腊]阿波罗尼俄斯 著
俄耳甫斯教祷歌 吴雅凌 编译
俄耳甫斯教辑语 吴雅凌 编译

古希腊肃剧注疏集
希腊肃剧与政治哲学 [美]阿伦斯多夫 著

古希腊礼法研究
希腊人的正义观 [英]哈夫洛克 著

廊下派集
廊下派的苏格拉底 程志敏 徐健 选编
廊下派的神和宇宙 [墨]里卡多·萨勒斯 编
廊下派的城邦观 [英]斯科菲尔德 著

希伯莱圣经历代注疏
希腊化世界中的犹太人 [英]威廉逊 著
第一亚当和第二亚当 [德]朋霍费尔 著

新约历代经解
属灵的寓意 [古罗马]俄里根 著

基督教与古典传统
保罗与马克安 [德]文森 著
加尔文与现代政治的基础 [美]汉考克 著
无执之道 [德]文森 著
恐惧与战栗 [丹麦]基尔克果 著
托尔斯泰与陀思妥耶夫斯基
[俄]梅列日科夫斯基 著
论宗教大法官的传说 [俄]罗赞诺夫 著
海德格尔与有限性思想（重订版）
刘小枫 选编
上帝国的信息 [德]拉加茨 著
基督教理论与现代 [德]特洛尔奇 著
亚历山大的克雷芒 [意]塞尔瓦托·利拉 著
中世纪的心灵之旅 [意]圣·波纳文图拉 著

德意志古典传统丛编
论荷尔德林 [德]沃尔夫冈·宾德尔 著
彭忒西勒亚 [德]克莱斯特 著
穆佐书简 [奥]里尔克 著
纪念苏格拉底——哈曼文选 刘新利 选编
夜颂中的革命和宗教 [德]诺瓦利斯 著
大革命与诗化小说 [德]诺瓦利斯 著
黑格尔的观念论 [美]皮平 著
浪漫派风格——施勒格尔批评文集 [德]施勒格尔 著

美国宪政与古典传统
美国1787年宪法讲疏 [美]阿纳斯塔普罗 著

世界史与古典传统
伊丽莎白时代的世界图景 [英]蒂利亚德 著
西方古代的天下观 刘小枫 编
从普遍历史到历史主义 刘小枫 编

启蒙研究丛编
浪漫的律令 [美]拜泽尔 著
现实与理性 [法]科维纲 著
论古人的智慧 [英]培根 著
托兰德与激进启蒙 刘小枫 编
图书馆里的古今之战 [英]斯威夫特 著

政治史学丛编
自然科学史与玫瑰 [法]雷比瑟 著

地缘政治学丛编
克劳塞维茨之谜 [英]赫伯格-罗特 著
太平洋地缘政治学 [德]卡尔·豪斯霍弗 著

荷马注疏集
不为人知的奥德修斯 [美]诺特维克 著
模仿荷马 [美]丹尼斯·麦克唐纳 著

品达注疏集
幽暗的诱惑 [美]汉密尔顿 著

欧里庇得斯集
自由与僭越 罗峰 编译

阿里斯托芬集
《阿卡奈人》笺释 [古希腊]阿里斯托芬 著

色诺芬注疏集
居鲁士的教育 [古希腊]色诺芬 著

色诺芬的《会饮》　[古希腊]色诺芬 著

柏拉图注疏集
立法与德性——柏拉图《法义》发微　林志猛 编
柏拉图的灵魂学　[加]罗宾逊 著
柏拉图书简　彭磊 译注
克力同章句　程志敏 郑兴凤 撰
哲学的奥德赛——《王制》引论　[美]郝兰 著
爱欲与启蒙的迷醉　[美]贝尔格 著
为哲学的写作技艺一辩　[美]伯格 著
柏拉图式的迷宫——《斐多》义疏　[美]伯格 著
哲学如何成为苏格拉底式的　[美]朗佩特 著
苏格拉底与希琵阿斯　王江涛 编译
理想国　[古希腊]柏拉图 著
谁来教育老师　刘小枫 编
立法者的神学　林志猛 编
柏拉图对话中的神　[法]薇依 著
厄庇诺米斯　[古希腊]柏拉图 著
智慧与幸福　程志敏 选编
论柏拉图对话　[德]施莱尔马赫 著
柏拉图《美诺》疏证　[美]克莱因 著
政治哲学的悖论　[美]郝岚 著
神话诗人柏拉图　张文涛 选编
阿尔喀比亚德　[古希腊]柏拉图 著
叙拉古的雅典异乡人　彭磊 选编
阿威罗伊论《王制》　[阿拉伯]阿威罗伊 著
《王制》要义　刘小枫 选编
柏拉图的《会饮》　[古希腊]柏拉图 等著
苏格拉底的申辩（修订版）　[古希腊]柏拉图 著
苏格拉底与政治共同体　[美]尼柯尔斯 著
政制与美德——柏拉图《法义》疏解　[美]潘戈 著
《法义》导读　[法]卡斯代尔·布舒奇 著
论真理的本质　[德]海德格尔 著
哲人的无知　[德]费勃 著
米诺斯　[古希腊]柏拉图 著
情敌　[古希腊]柏拉图 著

亚里士多德注疏集
《诗术》译笺与通绎　陈明珠 撰
亚里士多德《政治学》中的教诲　[美]潘戈 著
品格的技艺　[美]加佛 著
亚里士多德哲学的基本概念　[德]海德格尔 著
《政治学》疏证　[意]托马斯·阿奎那 著
尼各马可伦理学义疏　[美]伯格 著
哲学之诗　[美]戴维斯 著
对亚里士多德的现象学解释　[德]海德格尔 著
城邦与自然——亚里士多德与现代性　刘小枫 编
论诗术中篇义疏　[阿拉伯]阿威罗伊 著
哲学的政治　[美]戴维斯 著

普鲁塔克集
普鲁塔克的《对比列传》　[英]达夫 著
普鲁塔克的实践伦理学　[比利时]胡芙 著

阿尔法拉比集
政治制度与政治箴言　阿尔法拉比 著

马基雅维利集
君主及其战争技艺　娄林 选编

莎士比亚绎读
莎士比亚的历史剧　[英]蒂利亚德 著
莎士比亚戏剧与政治哲学　彭磊 选编
莎士比亚的政治盛典　[美]阿鲁里斯/苏利文 编
丹麦王子与马基雅维利　罗峰 选编

洛克集
上帝、洛克与平等　[美]沃尔德伦 著

卢梭集
论哲学生活的幸福　[德]迈尔 著
致博蒙书　[法]卢梭 著
政治制度论　[法]卢梭 著
哲学的自传　[美]戴维斯 著
文学与道德杂篇　[法]卢梭 著
设计论证　[美]吉尔丁 著
卢梭的自然状态　[美]普拉特纳 等著
卢梭的榜样人生　[美]凯利 著

莱辛注疏集
- 汉堡剧评 [德]莱辛 著
- 关于悲剧的通信 [德]莱辛 著
- 《智者纳坦》（研究版） [德]莱辛 等著
- 启蒙运动的内在问题 [美]维塞尔 著
- 莱辛剧作七种 [德]莱辛 著
- 历史与启示——莱辛神学文选 [德]莱辛 著
- 论人类的教育 [德]莱辛 著

尼采注疏集
- 何为尼采的扎拉图斯特拉 [德]迈尔 著
- 尼采引论 [德]施特格迈尔 著
- 尼采与基督教 刘小枫 编
- 尼采眼中的苏格拉底 [美]丹豪瑟 著
- 尼采的使命 [美]朗佩特 著
- 尼采与现时代 [美]朗佩特 著
- 动物与超人之间的绳索 [德]A.彼珀 著

施特劳斯集
- 论僭政（重订本） [美]施特劳斯 [法]科耶夫 著
- 苏格拉底问题与现代性（增订本）
- 犹太哲人与启蒙（增订本）
- 霍布斯的宗教批判
- 斯宾诺莎的宗教批判
- 门德尔松与莱辛
- 哲学与律法——论迈蒙尼德及其先驱
- 迫害与写作艺术
- 柏拉图式政治哲学研究
- 论柏拉图的《会饮》
- 柏拉图《法义》的论辩与情节
- 什么是政治哲学
- 古典政治理性主义的重生（重订本）
- 回归古典政治哲学——施特劳斯通信集
- 苏格拉底与阿里斯托芬

* * *

- 施特劳斯的持久重要性 [美]朗佩特 著
- 论源初遗忘 [美]维克利 著

- 政治哲学与启示宗教的挑战 [德]迈尔 著
- 阅读施特劳斯 [美]斯密什 著
- 施特劳斯与流亡政治学 [美]谢帕德 著
- 隐匿的对话 [德]迈尔 著
- 驯服欲望 [法]科耶夫 等著

施米特集
- 宪法专政 [美]罗斯托 著
- 施米特对自由主义的批判 [美]约翰·麦考米克 著

伯纳德特集
- 古典诗学之路（第二版） [美]伯格 编
- 弓与琴（重订本） [美]伯纳德特 著
- 神圣的罪业 [美]伯纳德特 著

布鲁姆集
- 巨人与侏儒（1960-1990）
- 人应该如何生活——柏拉图《王制》释义
- 爱的设计——卢梭与浪漫派
- 爱的戏剧——莎士比亚与自然
- 爱的阶梯——柏拉图的《会饮》
- 伊索克拉底的政治哲学

沃格林集
- 自传体反思录 [美]沃格林 著

大学素质教育读本
- 古典诗文绎读 西学卷·古代编（上、下）
- 古典诗文绎读 西学卷·现代编（上、下）

中国传统：经典与解释
Classici et Commentarii
经典与解释
刘小枫 陈少明○主编

- 《孔丛子》训读及研究 / 雷欣翰 撰
- 论语说义 / [清]宋翔凤 撰
- 周易古经注解考辨 / 李炳海 著
- 浮山文集 / [明]方以智 著
- 药地炮庄 / [明]方以智 著
- 药地炮庄笺释·总论篇 / [明]方以智 著

青原志略 / [明]方以智 编
冬灰录 / [明]方以智 著
冬炼三时传旧火 / 邢益海 编
《毛诗》郑王比义发微 / 史应勇 著
宋人经筵诗讲义四种 / [宋]张纲 等撰
道德真经藏室纂微篇 / [宋]陈景元 撰
道德真经四子古道集解 / [金]寇才质 撰
皇清经解提要 / [清]沈豫 撰
经学通论 / [清]皮锡瑞 著
松阳讲义 / [清]陆陇其 著
起凤书院答问 / [清]姚永朴 撰
周礼疑义辨证 / 陈衍 撰
《铎书》校注 / 孙尚扬 肖清和 等校注
韩愈志 / 钱基博 著
论语辑释 / 陈大齐 著
《庄子·天下篇》注疏四种 / 张丰乾 编
荀子的辩说 / 陈文洁 著
古学经子 / 王锦民 著
经学以自治 / 刘少虎 著
从公羊学论《春秋》的性质 / 阮芝生 撰

现代人及其敌人
海德格尔与中国
共和与经纶
现代性与现代中国
现代性社会理论绪论
诗化哲学[重订本]
拯救与逍遥[修订本]
走向十字架上的真
西学断章

编修[博雅读本]
　凯若斯：古希腊语文读本[全二册]
　古希腊语文学述要
　雅努斯：古典拉丁语文读本
　古典拉丁语文学述要
　危微精一：政治法学原理九讲
　琴瑟友之：钢琴与古典乐色十讲

译著
　普罗塔戈拉（详注本）
　柏拉图四书

刘小枫集

民主与政治德性
昭告幽微
以美为鉴
古典学与古今之争[增订本]
这一代人的怕和爱[第三版]
沉重的肉身[珍藏版]
圣灵降临的叙事[增订本]
罪与欠
儒教与民族国家
拣尽寒枝
施特劳斯的路标
重启古典诗学
设计共和

经典与解释辑刊

1. 柏拉图的哲学戏剧
2. 经典与解释的张力
3. 康德与启蒙
4. 荷尔德林的新神话
5. 古典传统与自由教育
6. 卢梭的苏格拉底主义
7. 赫尔墨斯的计谋
8. 苏格拉底问题
9. 美德可教吗
10. 马基雅维利的喜剧
11. 回想托克维尔
12. 阅读的德性
13. 色诺芬的品味
14. 政治哲学中的摩西
15. 诗学解诂
16. 柏拉图的真伪
17. 修昔底德的春秋笔法
18. 血气与政治
19. 索福克勒斯与雅典启蒙
20. 犹太教中的柏拉图门徒
21. 莎士比亚笔下的王者
22. 政治哲学中的莎士比亚
23. 政治生活的限度与满足
24. 雅典民主的谐剧
25. 维柯与古今之争
26. 霍布斯的修辞
27. 埃斯库罗斯的神义论
28. 施莱尔马赫的柏拉图
29. 奥林匹亚的荣耀
30. 笛卡尔的精灵
31. 柏拉图与天人政治
32. 海德格尔的政治时刻
33. 荷马笔下的伦理
34. 格劳秀斯与国际正义
35. 西塞罗的苏格拉底
36. 基尔克果的苏格拉底
37. 《理想国》的内与外
38. 诗艺与政治
39. 律法与政治哲学
40. 古今之间的但丁
41. 拉伯雷与赫尔墨斯秘学
42. 柏拉图与古典乐教
43. 孟德斯鸠论政制衰败
44. 博丹论主权
45. 道伯与比较古典学
46. 伊索寓言中的伦理
47. 斯威夫特与启蒙
48. 赫西俄德的世界
49. 洛克的自然法辩难
50. 斯宾格勒与西方的没落
51. 地缘政治学的历史片段
52. 施米特论战争与政治
53. 普鲁塔克与罗马政治
54. 罗马的建国叙述
55. 亚历山大与西方的大一统
56. 马西利乌斯的帝国